New York Neighbors

新ニューヨークネイバーズ

セレブに会えるアメリカ・ガイド

中尊寺ゆつこ

まえがき——「隠れたバイブル」をさらに洗練して

私は一九九三年から二年間、大型犬を連れて、東京からニューヨーク（ＮＹ）に移り住みました。バブル最盛期の日本で、ゴルフや居酒屋、競馬、温泉などに進出しはじめたパワフルな若いＯＬを「オヤジギャル」と名づけて漫画化し、それなりの評価を得ました。そんな自分にご褒美をあげる意味と、充電する意味で、この二年間のニューヨーク暮らしをやってみたわけです。

その後、二〇〇三年から二〇〇四年にかけて講談社の「ＦＲaＵ」誌に連載するため、再度、二〇〇二年に数ヵ月、七年ぶりに、今度は夫と当時二歳の娘を連れて住んでみました。

それ以外にも短期で数多く滞在していたので、バブル期から数えると、かれこれ一五年にわたる「ＮＹ—東京往復生活」ということになります。

今でもニューヨークに行くと、友人からは、「あら、お里帰り？」なんていわ

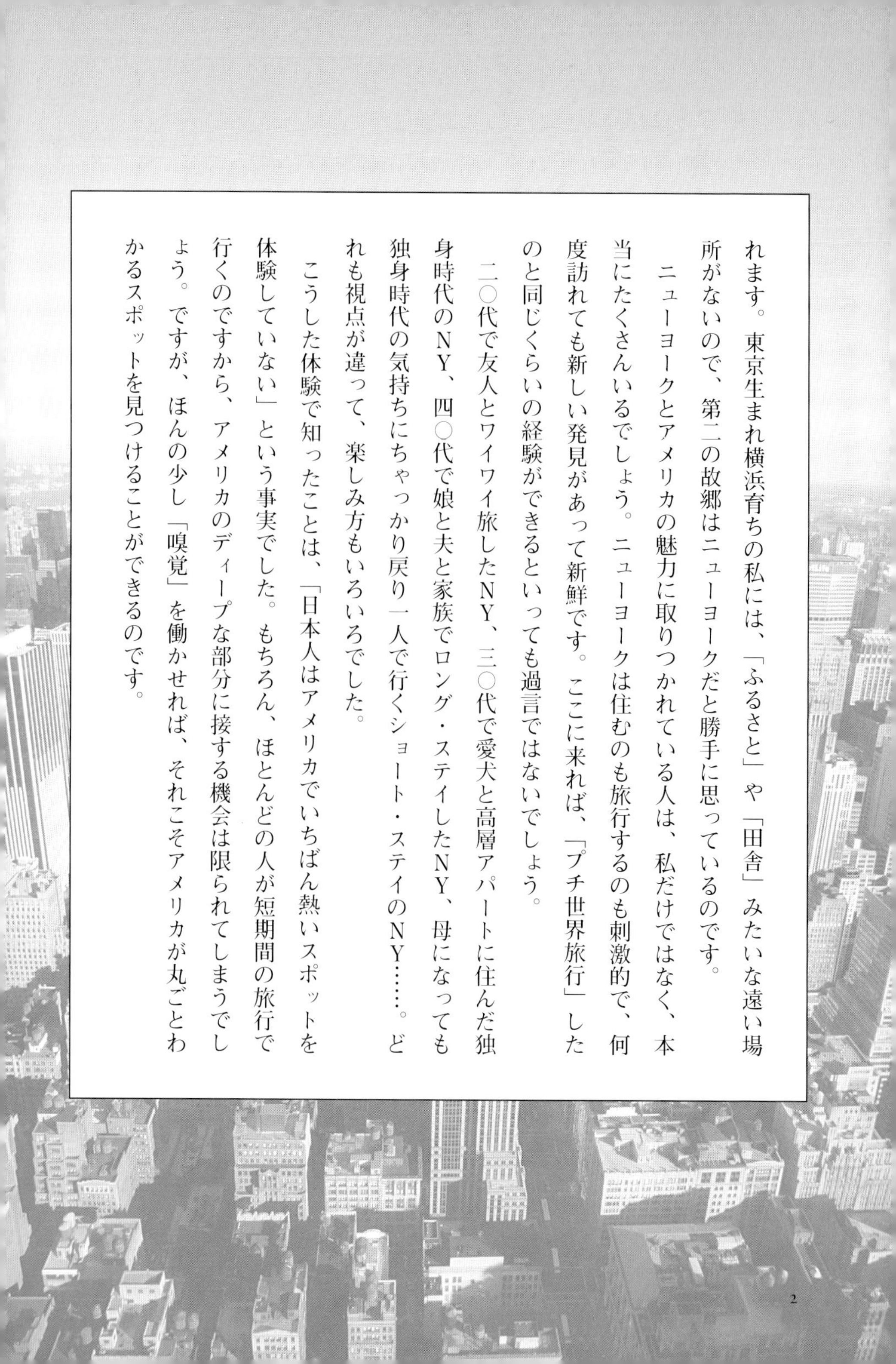

れます。東京生まれ横浜育ちの私には、「ふるさと」や「田舎」みたいな遠い場所がないので、第二の故郷はニューヨークだと勝手に思っているのです。

　ニューヨークとアメリカの魅力に取りつかれている人は、私だけではなく、本当にたくさんいるでしょう。ニューヨークは住むのも旅行するのも刺激的で、何度訪れても新しい発見があって新鮮です。ここに来れば、「プチ世界旅行」したのと同じくらいの経験ができるといっても過言ではないでしょう。

　二〇代で友人とワイワイ旅したＮＹ、三〇代で愛犬と高層アパートに住んだ独身時代のＮＹ、四〇代で娘と夫と家族でロング・ステイしたＮＹ、母になっても独身時代の気持ちにちゃっかり戻り一人で行くショート・ステイのＮＹ……。どれも視点が違って、楽しみ方もいろいろでした。

　こうした体験で知ったことは、「日本人はアメリカでいちばん熱いスポットを体験していない」という事実でした。もちろん、ほとんどの人が短期間の旅行で行くのですから、アメリカのディープな部分に接する機会は限られてしまうでしょう。ですが、ほんの少し「嗅覚」を働かせれば、それこそアメリカが丸ごとわかるスポットを見つけることができるのです。

こんな自分の体験をまとめて、一九九五年には元祖『ニューヨークネイバーズ』を上梓しました。すると当時、ニューヨークやアメリカを愛する人たちや、これからニューヨークに行こうと思っていた人たちの「隠れたバイブル」となりました。自分でバイブルなんていうのもおこがましいのですが、本当に反響が大きかったのです。未だに「じつはあの本を読んで衝撃を受けて、ニューヨークに引っ越しちゃったんです！」なんていう声がホームページに寄せられたりしています。

あるときマンハッタンを歩いていたら、まったく偶然にも、その本を持った学生たちに取り囲まれて「あっ、中尊寺ゆつこさん本人が歩いてる！　これを見てニューヨークに来たんですよ！」といわれたこともありました。それから一〇年。こうして『新ニューヨークネイバーズ』を出すことができて本当にうれしく思います。

古い本は、ニューヨークを知ってまだ年数が浅く、粗削りなパワーが炸裂しているところが売りでした。それはそれで、今読んでも面白いのですが、この新作は一五年かけてニューヨークの奥深さを体感し、より洗練された内容になったと思います。

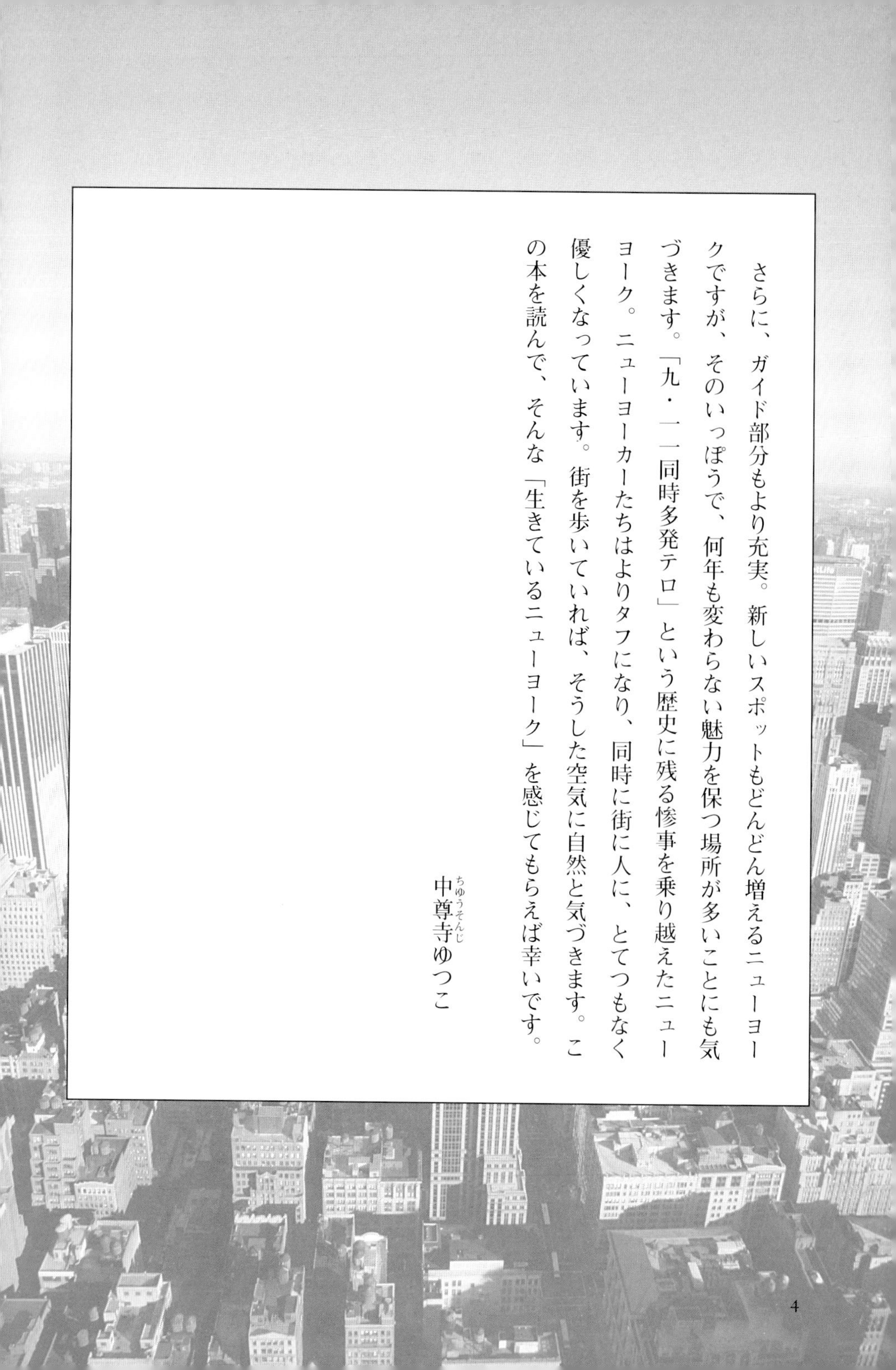

さらに、ガイド部分もより充実。新しいスポットもどんどん増えるニューヨークですが、そのいっぽうで、何年も変わらない魅力を保つ場所が多いことにも気づきます。「九・一一同時多発テロ」という歴史に残る惨事を乗り越えたニューヨーク。ニューヨーカーたちはよりタフになり、同時に街に人に、とてつもなく優しくなっています。街を歩いていれば、そうした空気に自然と気づきます。この本を読んで、そんな「生きているニューヨーク」を感じてもらえば幸いです。

中尊寺《ちゅうそんじ》ゆつこ

目次◎新ニューヨークネイバーズ　セレブに会えるアメリカ・ガイド

第1章　新ニューヨークネイバーズ

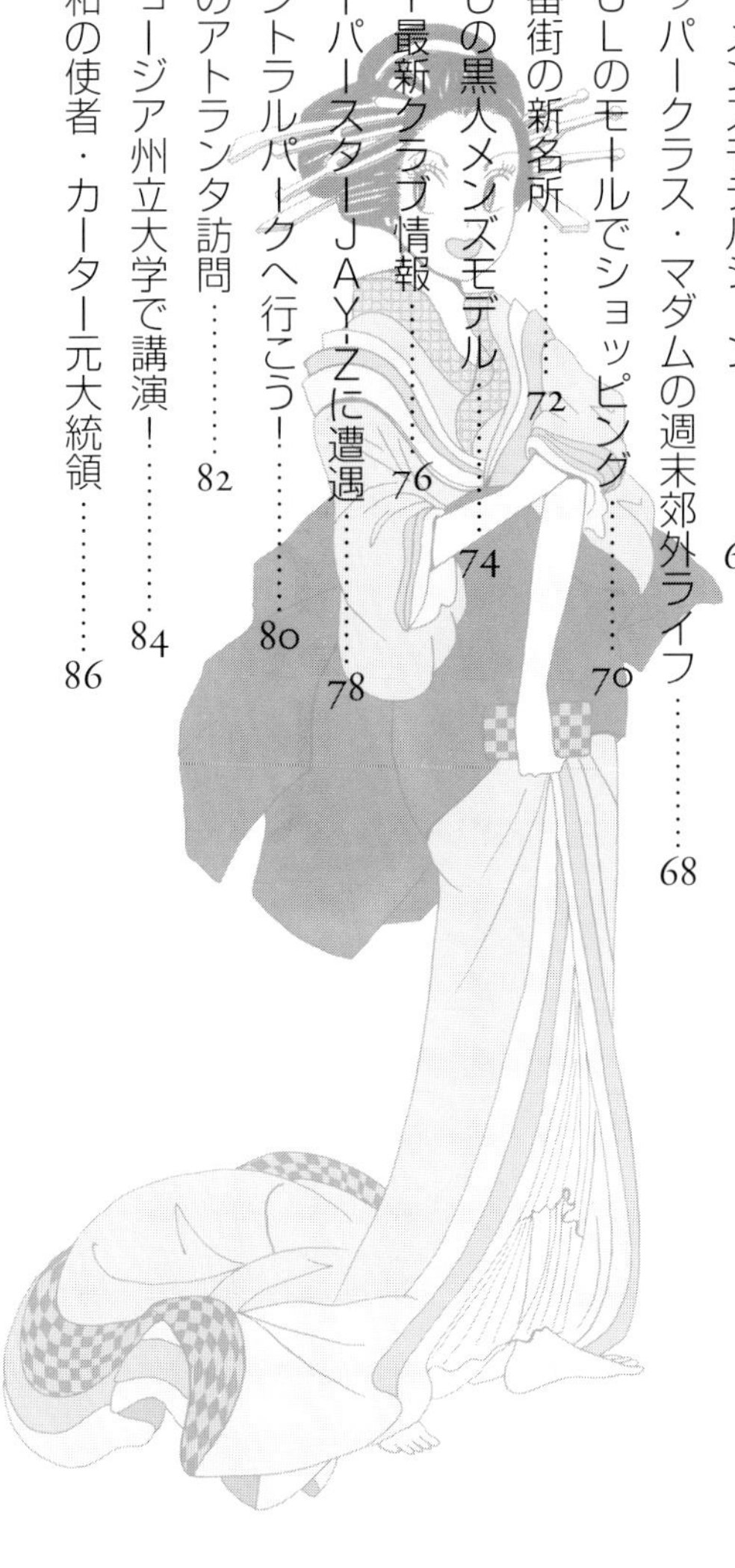

第2章 NY達人ガイド

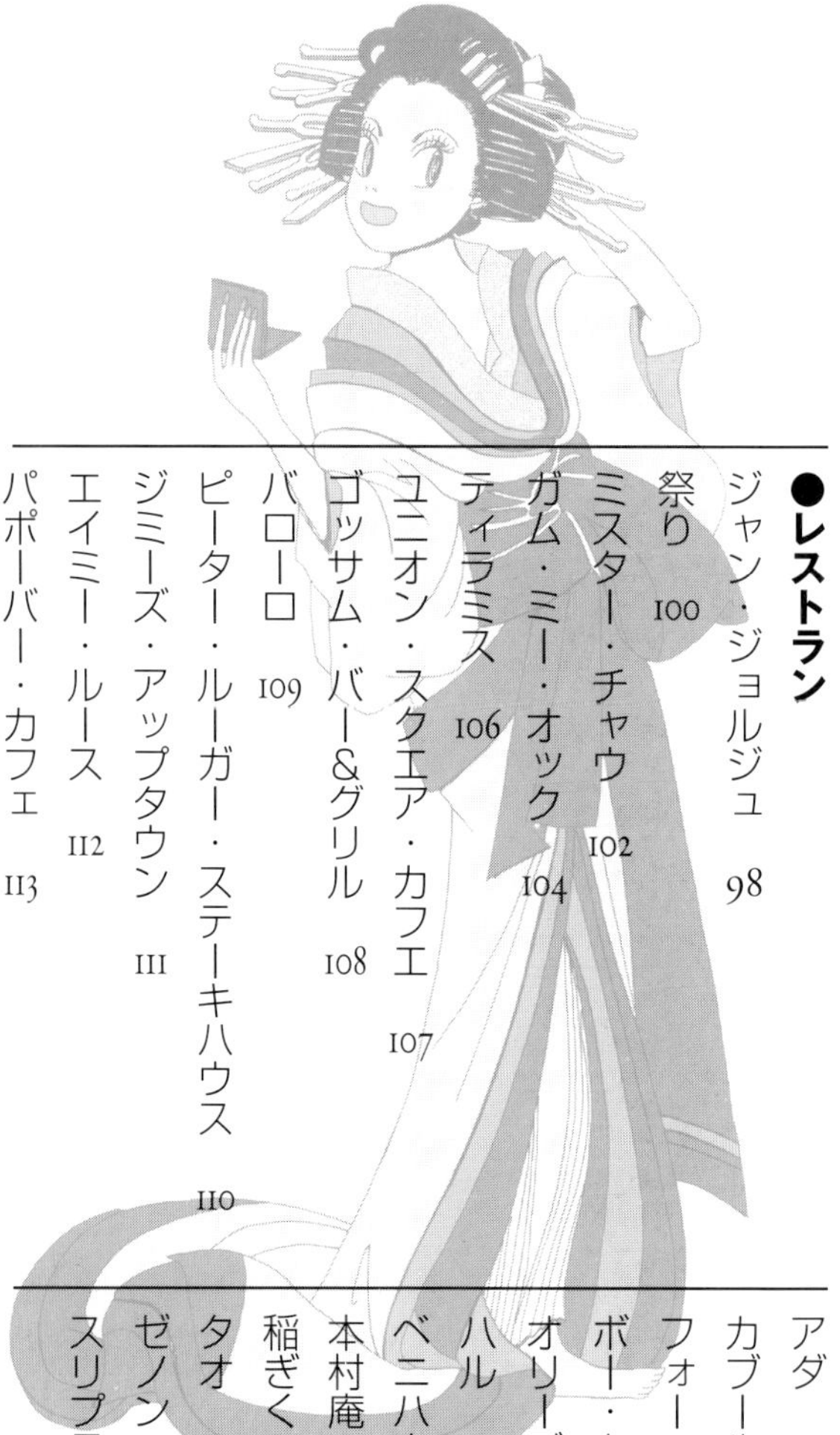

●レストラン

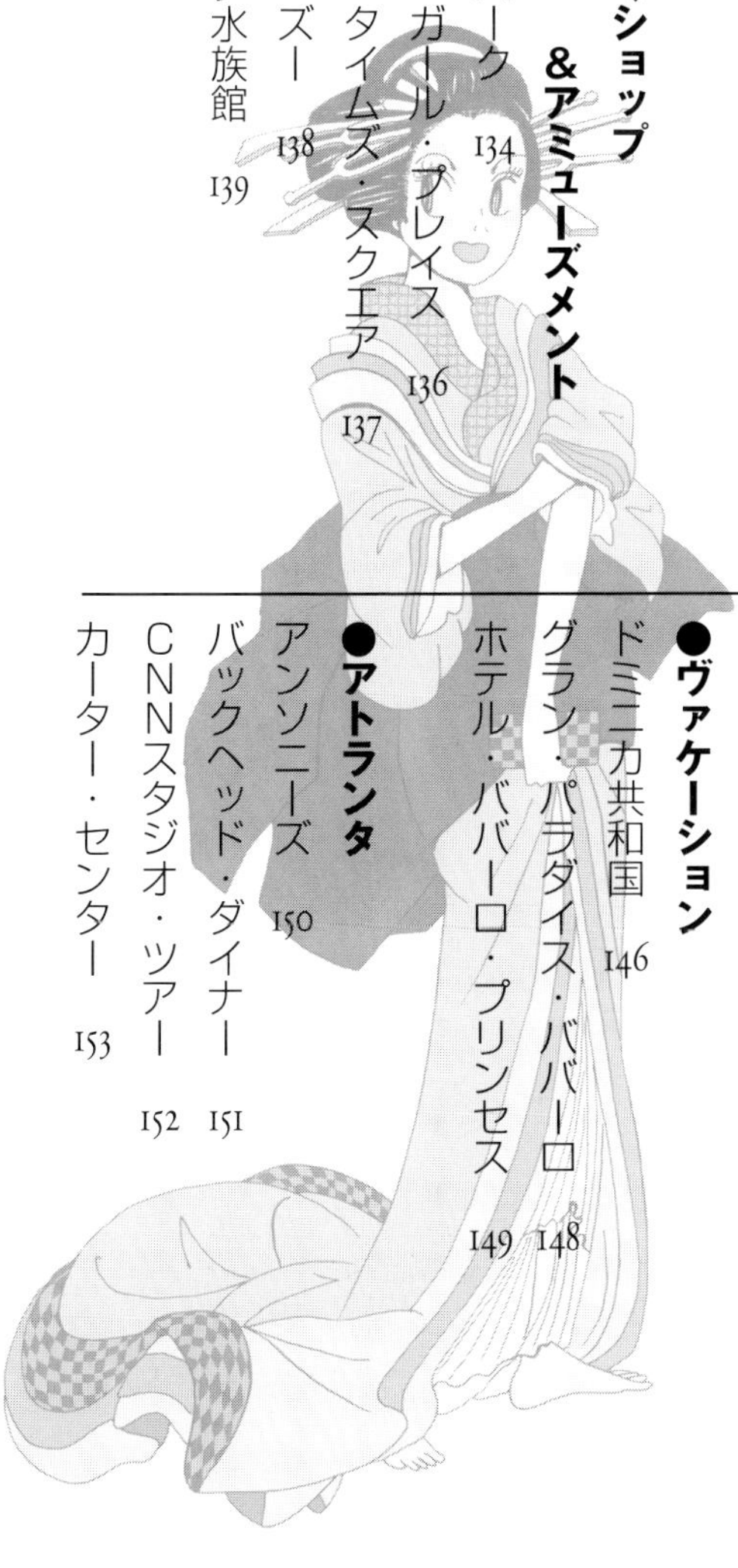

EQUITABLE

この本に登場する地域

マンハッタンのおすすめスポット

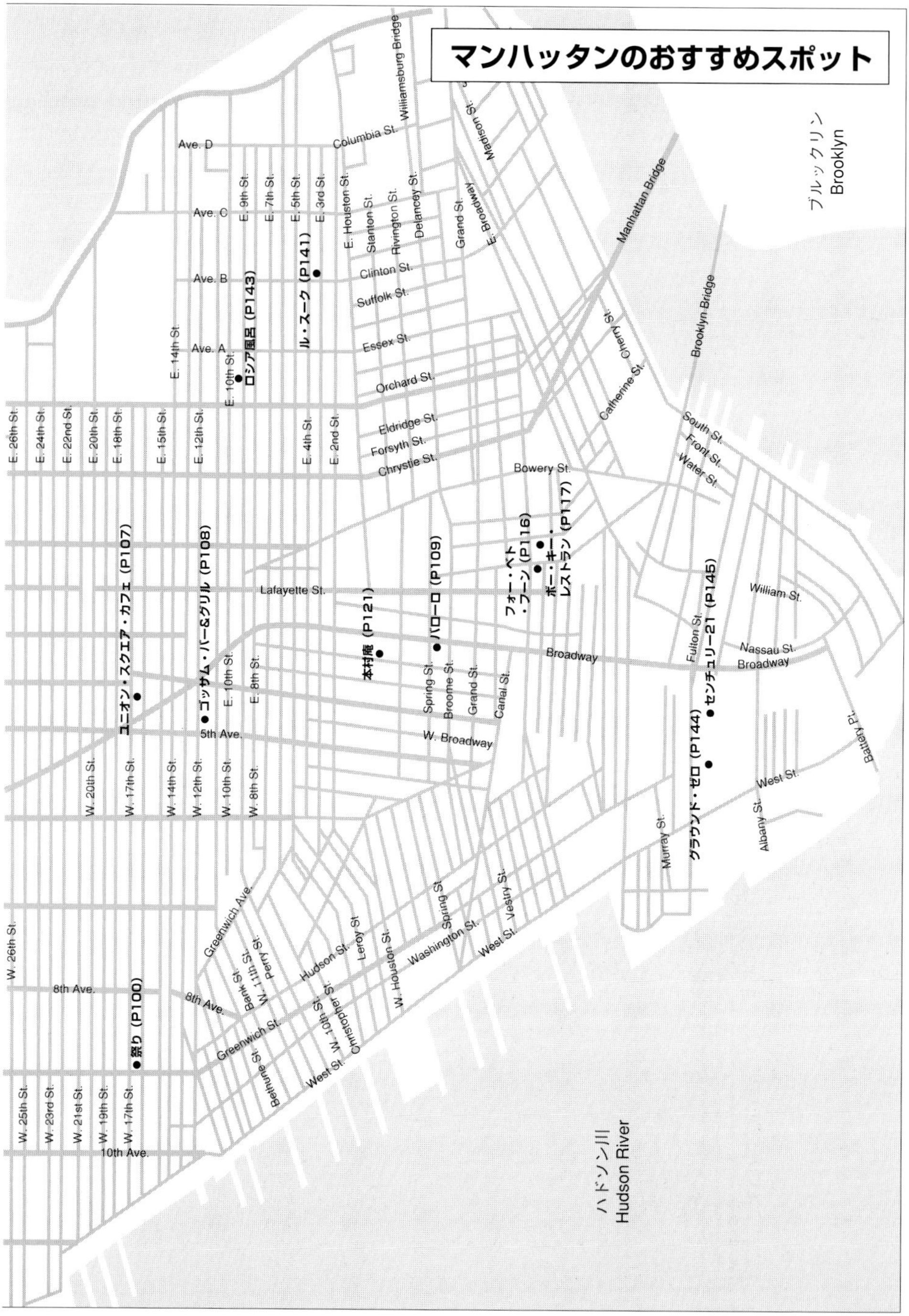

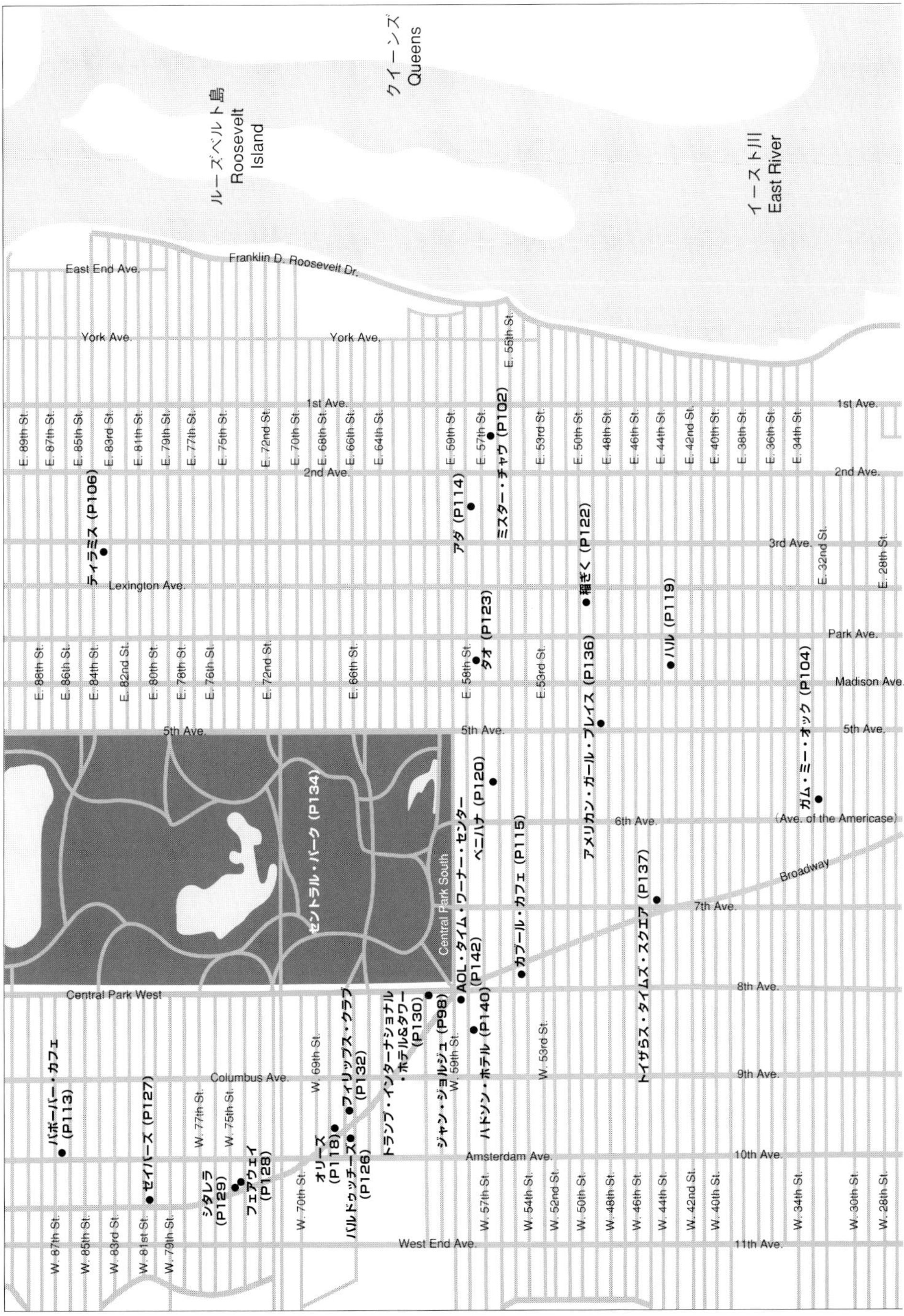
クイーンズ
Queens
ルーズベルト島
Roosevelt Island
イースト川
East River
Franklin D. Roosevelt Dr.
East End Ave.
York Ave.
1st Ave.
2nd Ave.
3rd Ave.
Lexington Ave.
Park Ave.
Madison Ave.
5th Ave.
6th Ave.
(Ave. of the Americase)
Broadway
7th Ave.
8th Ave.
9th Ave.
10th Ave.
11th Ave.
Central Park West
Central Park South
Columbus Ave.
Amsterdam Ave.
West End Ave.
E. 89th St.
E. 87th St.
E. 85th St.
E. 83rd St.
E. 81st St.
E. 79th St.
E. 77th St.
E. 75th St.
E. 72nd St.
E. 70th St.
E. 68th St.
E. 66th St.
E. 64th St.
E. 59th St.
E. 57th St.
E. 55th St.
E. 53rd St.
E. 50th St.
E. 48th St.
E. 46th St.
E. 44th St.
E. 42nd St.
E. 40th St.
E. 38th St.
E. 36th St.
E. 34th St.
E. 32nd St.
E. 28th St.
E. 88th St.
E. 86th St.
E. 84th St.
E. 82nd St.
E. 80th St.
E. 78th St.
E. 76th St.
E. 58th St.
W. 87th St.
W. 85th St.
W. 83rd St.
W. 81st St.
W. 79th St.
W. 77th St.
W. 75th St.
W. 70th St.
W. 69th St.
W. 59th St.
W. 57th St.
W. 54th St.
W. 53rd St.
W. 52nd St.
W. 50th St.
W. 48th St.
W. 46th St.
W. 44th St.
W. 42nd St.
W. 40th St.
W. 34th St.
W. 30th St.
W. 28th St.
ティラミス (P106)
アダ (P114)
ミスター・チャウ (P102)
稲ぎく (P122)
タオ (P123)
ハル (P119)
アメリカン・ガール・プレイス (P136)
ガム・ミー・オック (P104)
セントラル・パーク (P134)
AOL・タイム・ワーナー・センター (P142)
ベニハナ (P120)
カフェ・カブール (P115)
トイザらス・タイムズ・スクエア (P137)
ハドソン・ホテル (P140)
ジャン・ジョルジュ (P98)
トランプ・インターナショナル・ホテル&タワー (P130)
フィリップス・クラブ (P132)
オリーブ (P118)
バルドゥッチーズ (P126)
パポーパー・カフェ (P113)
ゼイバーズ (P127)
フェアウェイ (P128)
シタレラ (P129)

新ニューヨークネイバーズ　セレブに会えるアメリカ・ガイド

第1章 新ニューヨークネイバーズ

新 New York Neighbors

vol.1
ニューヨーカーのファッション
ピュー
夫
さみー
あれから10年
今度は家族で
すごすNYは??
数ヵ月間の
連載コミック
(娘2歳)
1993〜94
34st
2002
11月〜
66st
1994〜95
87st
4年ぶりに訪れたNY
住んでいたのは10年前の
2年間
ペガス(小)
やっとまた来られたー
たった
2ヵ月間
だけど
また住む
ぞー
ここは
にゅー
よーく
おっしゃー
アフリカ旅行にハマっていたり
出産・育児をしてたり
9・11の同時多発テロや今回の
ブッシュのイラク攻撃〜戦争態勢
など色々あってなかなかNYに
来られなかったが今回思いきって
ロング・ステイ!
長期滞在者用アパートメントホテル
ドアマン
会いたい
友人
行きたい場所
レストラン
いっぱい
あるよ〜
ワクワク
到着してすぐ次の朝早く子供と
セントラルパークへ直行
昔は犬と
ここへ来て
いたのにナ
ププッ…
ワン
ワン
あっ
りす
りす
ここはアッパーウエスト
リンカーン・スクウェアと
あってマダム率高し
と同時に文教地区でも
ありオシャレな学生も多い
ジュリアード
音楽院生
オペラマダム

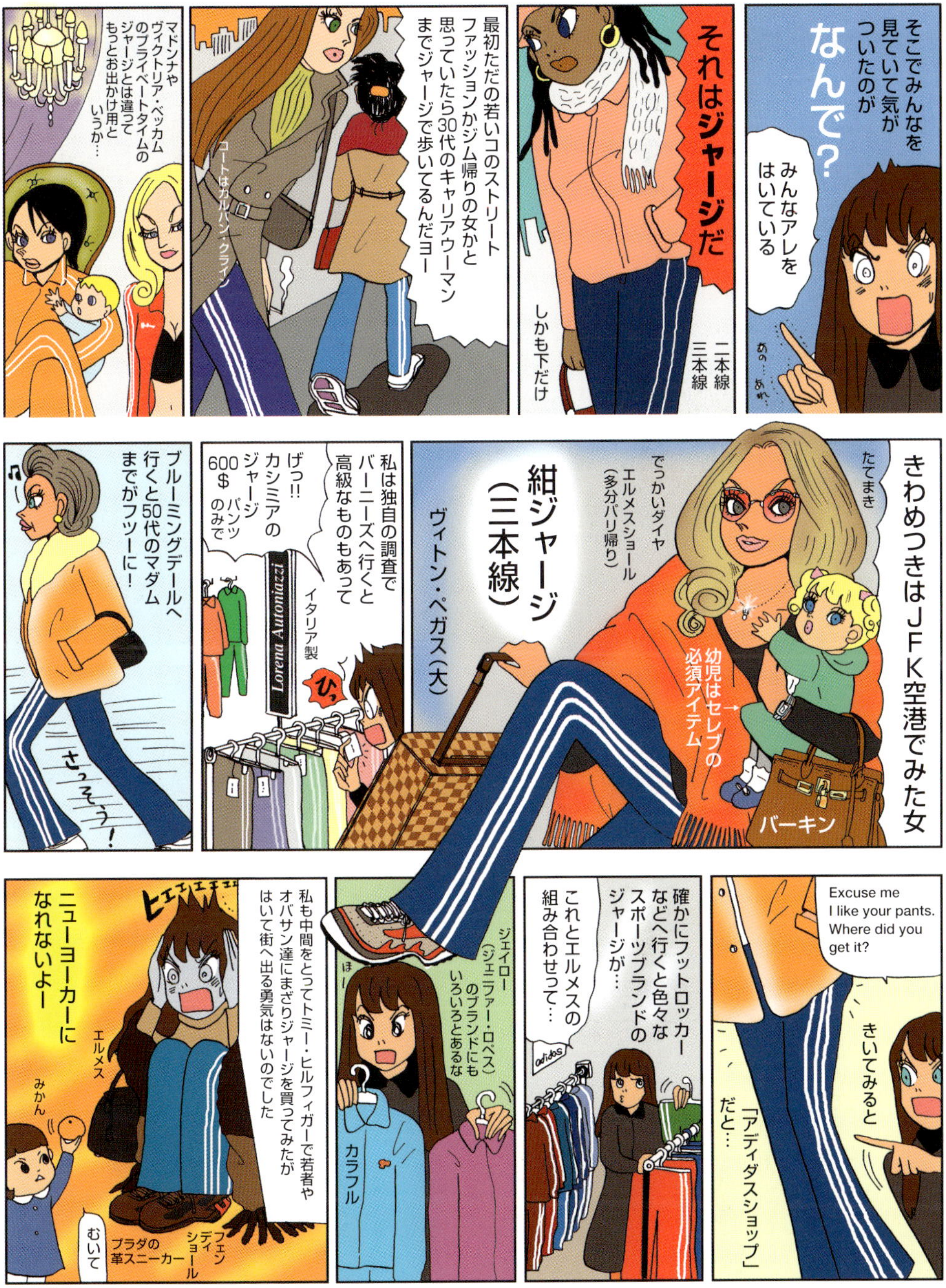
そこでみんなを見ていて気がついたのが
なんで？
みんなアレをはいている
あの…あれ…
それはジャージだ
二本線
三本線
しかも下だけ
最初ただの若いコのストリートファッションかジム帰りの女かと思っていたら30代のキャリアウーマンまでジャージで歩いてるんだヨー
コートはカルバン・クライン
マドンナやヴィクトリア・ベッカムのプライベートタイムのジャージとは違ってもっとお出かけ用というか…
きわめつきはJFK空港でみた女
たてまき
でっかいダイヤ
エルメスショール（多分パリ帰り）
紺ジャージ（三本線）
ヴィトン・ペガス（大）
幼児はセレブの必須アイテム
バーキン
私は独自の調査でバーニーズへ行くと高級なものもあって
げっ!! カシミアのジャージ
600＄ パンツのみで
イタリア製
Lorena Antoniazzi
ひっ
ブルーミングデールへ行くと50代のマダムまでがフツーに！
さっそう！
Excuse me
I like your pants.
Where did you get it?
きいてみると
「アディダスショップ」だと…
確かにフットロッカーなどへ行くと色々なスポーツブランドのジャージが…
これとエルメスの組み合わせて…
adidas
ジェイロー（ジェニファー・ロペス）のブランドにもいろいろとあるな
ほー
カラフル
私も中間をとってトミー・ヒルフィガーで若者やオバサン達にまざりジャージを買ってみたがはいて街へ出る勇気はないのでした
ヒエエエエエ
ニューヨーカーになれないよー
エルメス
みかん
フェンディショール
プラダの革スニーカー
むいて

vol.2 ニューヨークの住宅事情

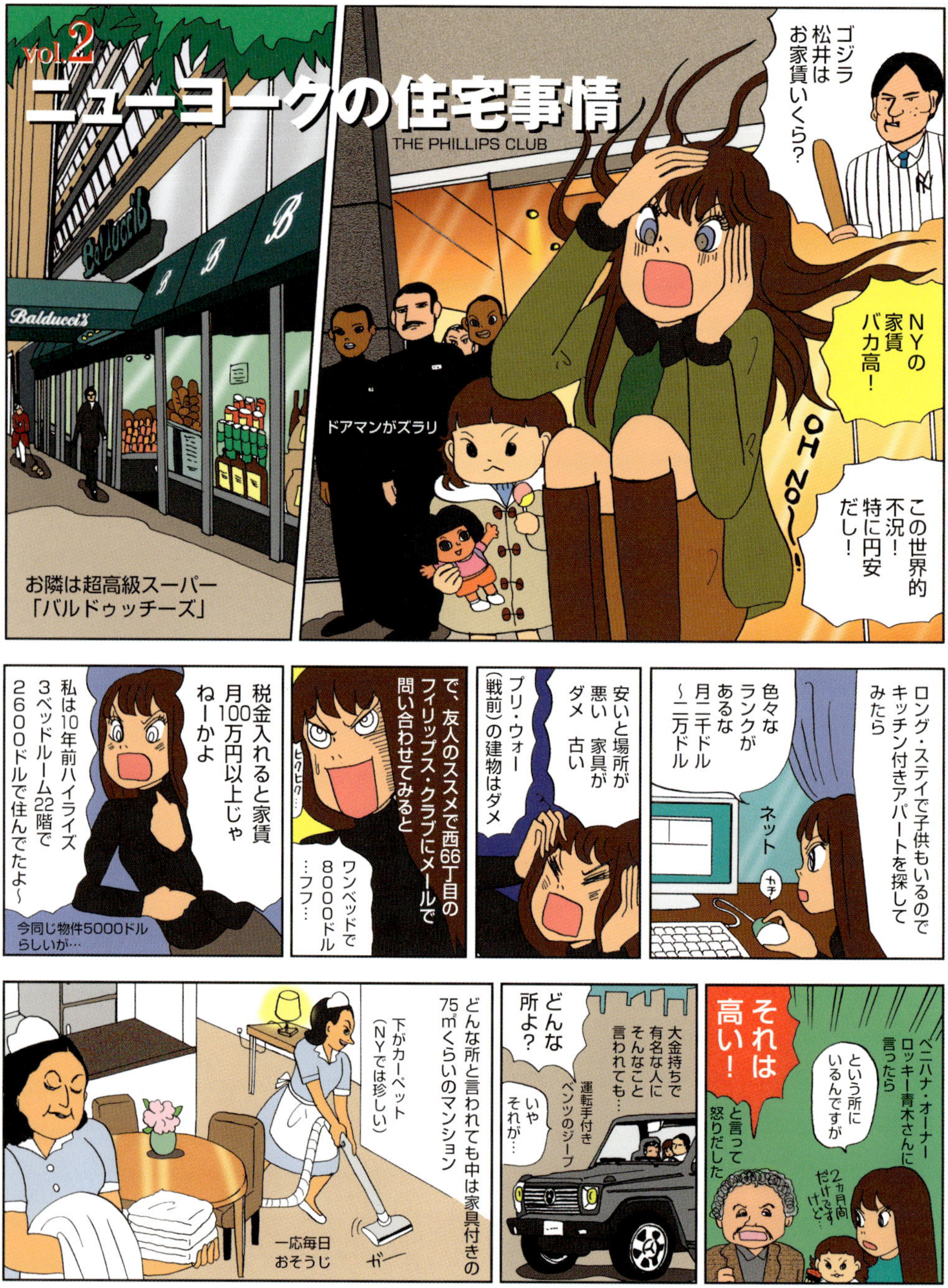
THE PHILLIPS CLUB
ゴジラ松井はお家賃いくら?
NYの家賃バカ高!
OH NO〜!
この世界的不況!特に円安だし!
ドアマンがズラリ
Balducci's
お隣は超高級スーパー「バルドゥッチーズ」
ロング・ステイで子供もいるのでキッチン付きアパートを探してみたら
色々なランクがあるな月二千ドル〜二万ドル
ネット
カチ
安いと場所が悪い 家具がダメ 古い
プリ・ウォー(戦前)の建物はダメ
で、友人のススメで西66丁目のフィリップス・クラブにメールで問い合わせてみると
ピクピク…
ワンベッドで8000ドル…フフ…
税金入れると家賃月100万円以上じゃねーかよ
私は10年前ハイライズ3ベッドルーム22階で2600ドルで住んでたよ〜
今同じ物件5000ドルらしいが…
ベニハナ・オーナーロッキー青木さんに言ったら
という所にいるんですが
2カ月間だけですけど…
それは高い!
と言って怒りだした
大金持ちで有名な人にそんなこと言われても…
どんな所よ?
いやそれが…
運転手付きベンツのジープ
どんな所と言われても中は家具付きの75㎡くらいのマンション
下がカーペット(NYでは珍しい)
一応毎日おそうじ
ガー

ただコンシェルジュが充実していて何でもやってくれたり黒いリムジンが前に常駐してたりはさすが高級アパート
リムジンはJFK空港まで55ドル(タクシーだと35ドル)
スーッ
ドアマン
※リモいる?
ピュッ
それより破産しそうなのが隣のイタリアン・デリで買うこと…本格イタリアンや地中海のお総菜高級食材何でもあり
寿司もばかうま
ほんのちょっと買うとすぐ60ドルとか80ドルになる確かにモノは最高級ですが紀ノ国屋より全然高い
ヤギのチーズ
ピッ
ヒヤヒヤ
それで2ブロック先の巨大スーパーフード・エンポリウムまで行くことも
大好きなバターミルクビスケット
安い! っつーかフツーか
※リモ=リムジンのこと
この辺は郷ひろみが出没するエリアなので毎日様子を見ているが…!
ここに入っている巨大高級ジムを私のホテルのゲストも使えるがひろみもメンバー
トランプインタナショナル
ミレニアムタワー
私のアパートメントホテル
10年前にNYに住む前は郷ひろみとリーの豪邸のすぐそばに住んでたから心配で(なんつって)
エキゾチーック・ジャピャーン
フン
70丁目ハドソン川沿いのトランプ・プレイスやコロンバス・サークルに建設されたAOLの高級マンションはNYでも流行のタワーマンション
アッパーイーストなどにある超高級タウンハウスには上流の人達が住んでいるよね
オホホ
それにしたって私も漫画家ならアメリカでアニメで大人気にならないとNYに住めないね
ハム太郎やピカチュウ
♪ToTokko~ HAMTA~RO♪
じゃクイーンズに住めば?
そーいう漫画じゃないでしょ
やだやだこの辺がいい
えーマンハッタンは疲れるよー
ドタバタ
子供をこの辺の学校行かせるとなると学費年間3万~4万ドルかかるよ
とっとと日本帰ろうか…
お腹にもうひとりいる。二人で7万ドル!?
今NYで最も高いのは家賃と教育費だそうです!
ダラダラ
助教授(後で出てきます)にもらったスクールガイド
THE MANHATTAN FAMILY GUIDE TO PRIVATE SCHOOLS AND SELECTIVE PUBLIC SCHOOLS
VICTORIA GOLDMAN CATHERINE HAUSMAN

vol.3
ニューヨークの王道グルメ
NYの旬のレストラン 色々あるけど今回 私が行ったところは…？
★は最新ZAGAT順位
Please have a seat.
★7 Jean Georges ジャン・ジョルジュ
やっと ジャン・ジョルジュ 行けたけど 実はランチ…
20ドルで 超豪華 フレンチ・コース
ディナー 行ってよォ メインダイニング
てへ
友人O
子供が小さいので なかなかディナーは いい所に行けない
じゃあ ソウルフード 行こうか
最近ハーレムがハヤリ
2歳
116丁目のここはとても粋な店
エイミー・ルース Amy Ruth's
こんな じいさん も…
しかし何故フライドチキンを ワッフルの上にのせて食う？
ナゾの多いソウルフード
キャットフィッシュ のフライ
ジミーズ・アップタウンは ドレスアップしてリムジンで 乗りつけてもOKの 黒人セレブでいっぱいの店
ハーレムで一番オシャレ
セレブといえば 57丁目の ミスター・チャウは ヒルトン姉妹も 御用達のヌーベル シノワだ
NY黄金期（80年代）は有名人が席を 取り合った伝説の店
今もLA店同様 大人気
私も ここに 通って 十数年 5年前の 話ですが
ん
まぼろしの 緑色ヌードル

見るからにブラックミュージックで成功したプリンプリン(金持ち)カップルが隣の席にいた！
グッチ幅広ベルト
カルティエ
ダイヤ
思わず本人に誰か聞いちまったよ！
You got be somebody in music industry…
黒人音楽業界の大物に違いない
yes
そしたらエリカ・バドゥのレコード会社社長のキダー・マッセンバーグだったのだー！
バドゥにインタビューしたことのある夫
あなたが
ひー！
He is wonderful
だろーね そのダイヤ3キャラ……
い・か・に・も有名人！てな人には見て見ぬフリがマナーですが人気の店にはホントに色々セレブがいるよネ
日本代表はオノ・ヨーコさん(本村庵にて)
その話はまた今度
どうしてもイマジンが…
イタリアンも高級～低級まで色々行くけど結局10年来通う同じ店ばかりになってしまうナ
ブオーノ《うまい》
83st 3AVE ティラミス
TIRAMISU
パク
2
たまたまこの連載の担当がやはりプライベートでNYに遊びに来たので超人気のユニオン・スクエア・カフェへ！
T大卒独身
コート買っちゃいましたヨ
ここでもフュージョンメニューは大人気
しかし美味しいけどナゾだぜ！
ハア～
ポークでなくピックのミソ焼き
寿司のガリ
野菜炒めのような物
わさび味マッシュポテト
マグロフィレステーキ
フュージョン・キュイジーヌといえばフレンチとアジアンなどとの融合料理。スターシェフもたくさんいて安定した人気だしかしデリで買うアボカド寿司もフュージョンだよね
うちにもシェフおります
ハイッ
フレンチぽいのとくい
夫
6
しかしやっぱアメリカ来たら肉だよナ
ウフフフ
EST 1887
STEAK HOUSE
ピーター・ルーガー・ステーキハウスはウォール街のディーラー達も御用達だ
GATSU GATSU
マジうまい…
10人中10人がうまいと言うTボーンステーキにはうならされた！
デザートもあるけど肉を喰ったらとっとと帰るのがここの流儀
クリームド・スピナッチ＆特製ソース
ポテト
これで二人分
ところで私が店の予約をする時はCHUSONJIもKOBAYASHIも長くて面倒なのでFUJI(フジ)だぜ イエ～イ
Fuji
旧姓は藤原だし
イッパツで通じる名前さ

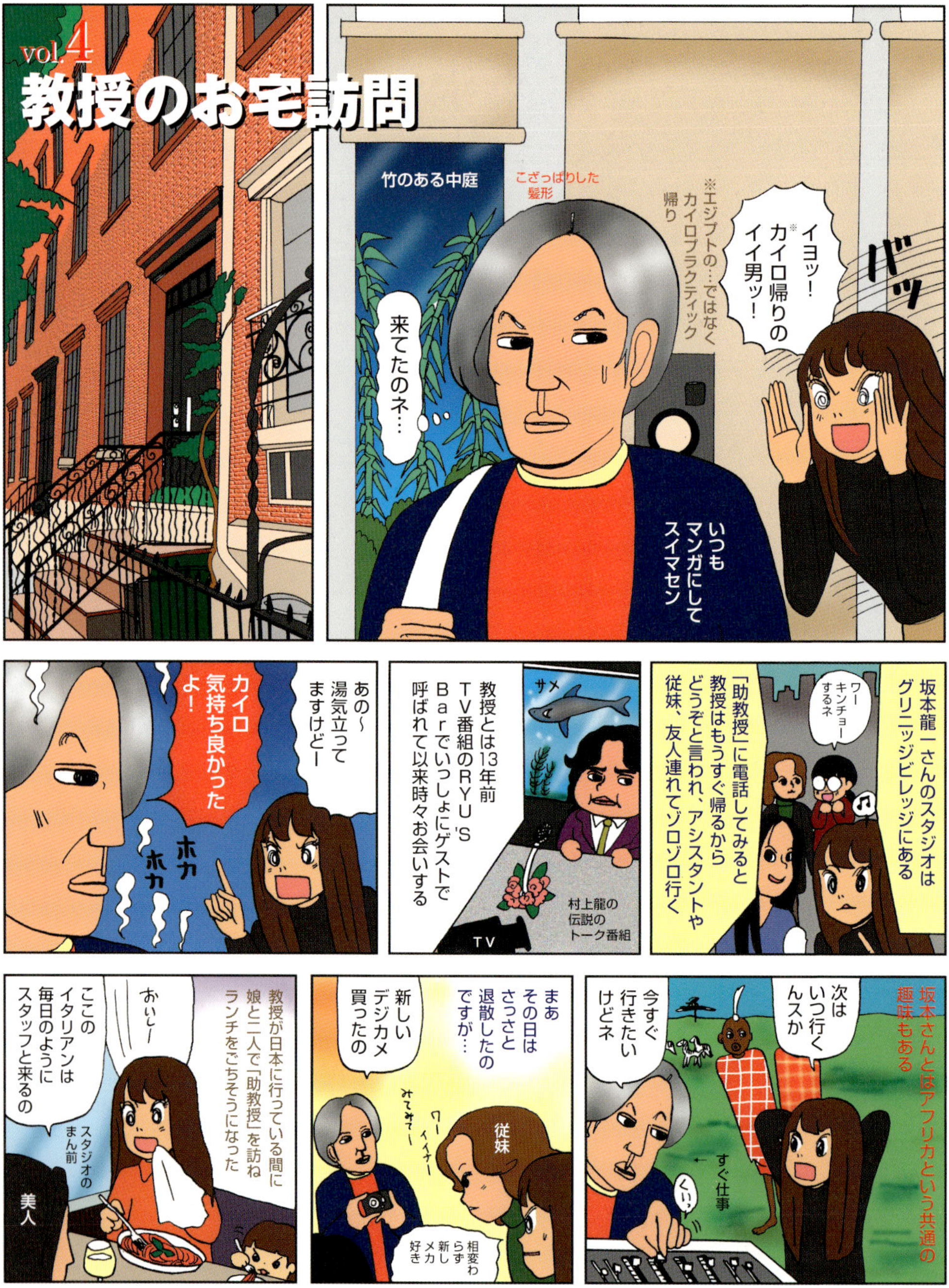

vol.4
教授のお宅訪問
バッ
イヨッ！※カイロ帰りのイイ男ッ！
※エジプトの…ではなくカイロプラクティック帰り
こざっぱりした髪形
竹のある中庭
来てたのネ…
いつもマンガにしてスイマセン
坂本龍一さんのスタジオはグリニッジビレッジにある
ワーキンチョーするネ
「助教授」に電話してみると教授はもうすぐ帰るからどうぞと言われ、アシスタントや従妹、友人連れてゾロゾロ行く
サメ
教授とは13年前TV番組のRYU'S Barでいっしょにゲストで呼ばれて以来時々お会いする
村上龍の伝説のトーク番組
TV
あの〜湯気立ってますけどー
カイロ気持ち良かったよ！
ホカホカ
坂本さんとはアフリカという共通の趣味もある
次はいつ行くんスか
今すぐ行きたいけどネ
すぐ仕事
くいっ
まあその日はさっさと退散したのですが…
新しいデジカメ買ったの
みてみてー
従妹
ワーイイナー
相変わらず新しメカ好き
教授が日本に行っている間に娘と二人で「助教授」を訪ねランチをごちそうになった
おいしー
ここのイタリアンは毎日のようにスタッフと来るの
スタジオのまん前
美人

どうぞ
その後お宅の方にもお邪魔させて頂いたがほとんど日本人で伺った人はいないそう
半地下つきのお洒落なブラウンストーンの3階建てタウンハウス
あの～これ～
ヒッ
なんと階段の下にガスマスク発見！
NYらしいなァ
カゴ入り
ウォーホルらしき絵
趣味のいい和食器
んまーステキ
大きなアンティークテーブル
床ピカピカ
そしてキッチンではブラジル系のお手伝いさんがナント…！
キューリとちくわをきざんでいた！
あの…きょ…今日のオカズは？？
あとはもうどのフロアも本でごったがえしてたネ やはりここが教授たるゆえん
ホェ～
そしてこの先はミステリーってことに
禁
その後またスタジオへ行って教授のフーセン人形で遊んで
バン バン
息子さんのお古のぬいぐるみをいただいて帰りました
次の週、訪問したのはマンディ満ちるさん
ロシア系トランペットプレイヤーの旦那さまと家族3人でロングアイランドに暮らしている
ストラーストヴィチェ
ロシア語
息子
行く前に友人Oが…
マンディはすごく料理が上手なんだ…だから
じゃ、もしや期待したりして
マジに
お宅まで車で2時間弱
ゴメーン今日だった？何もないヨ
カチャ
どっ
さすがナチュラルな人…
図々しいっての
私はずっとマンディのファンだったので会えてウレシイ まさか同じ2歳の子供同士を遊ばせられるとは！
ニキータ君
キャ キャ
お母様はお孫さん見てくれる？
見ないヨォ
マンハッタンにいるし
うちのママとは違うよナ
お母さんは世界的ジャズピアニスト秋吉敏子だもんね
Toshiko Akiyoshi
ジャーズ
ではなくジャズ
だよな！
自分のジャケ写にも使ったカワイイお家でハッピーに暮らすマンディでした！

vol.5
グラウンド・ゼロへ行く
世界世論もなんのそのブッシュの暴走はいかに？
Lil' Kim
NY黒人ラッパーのリル・キムはこのファッションで雑誌※の表紙を飾り、イスラム団体から非難を受けた
※ラッセル・シモンズの雑誌「ONE WORLD」
NYについて次の日まずタクシーを飛ばしてグラウンド・ゼロに直行した
Take me to “GROUND ZERO”
言うのが気が引けるというか…
あの～
じろり
行ってみると巨大な工事現場だった
観光地化しているが人々の表情は厳しい
さすがに跡地を目の前に本当に心が痛む…
カシャ…
南無
しかし“9・11以降”という言葉も古くなり歴史は塗り替えられてゆく
フセインつぶせ
反戦デモも大事
NO WAR
Don't attack IRAQ
でもまずどのようにしてこのような状況になったか国際政治のしくみを知ることも大切だ
その分野やってたんでしょ？
ていうかそのー
ポリポリ
政治学科で中東～冷戦などやってました。
首藤ゼミ
グローバリズムについては各分野の学者の本も読みますよ
ジョセフ・E・スティグリッツ
ウ？
アンソニー・ギデンズ
スーザン・ソンタグ
ノーム・チョムスキー
しかしなあ…やはり複雑なので途中なかなか進まないよ…
ぐぅ

で、自分の見解は?
ゴー
さらに熟睡
考え中~
バタリ…
ホントに考えてんの?
しかしグラウンド・ゼロの真向かいにあるセンチュリー21というデパートは大盛況 何だか腑に落ちない
Century21
衣類のドン・キホーテのような激安店で9・11以降さらにごったがえしているぜ!
そして後で気付いたがタクシーでグラウンド・ゼロに行く場合…
"Century 21"
と言えばよいネ
バタン
しかしもう誰も言わなくなっちゃったけどビンラディンはどこにいるの?
それはさておき、数日後チェルシーにアトリエがある日本画家の千住博さんをお訪ねした
貴公子
いらっしゃい
さっ
こんにちは
「ウォーター・フォール」
六本木のグランドハイアット東京のホワイエのために描いている壁画です
縦3m
横25m
これが有名な…!
その後、本村庵でごちそうになりデザートには"千住スペシャル"をいただいて感激!
手打ちそば
アズキ入り
コアントロー
するとお弟子さんたちが…
あっオノヨーコだ
ホントだ
えっどこ?
中尊寺さんお知り合いですか
キラリ
いえ直接は…
先生方の方見てますよ
キャーッ! じゃイマジン歌って話しかけちゃったりして
ち…ちがうよ
トイレ…
よりちゃん
いえ! ダメです しかるべき方からの御紹介がないと…
キッパリ
で…ですよネ~
何がイマジンを歌うだ
ポリポリ
ダメだこりゃ
ところで近年のNYを知るためにおススメの本はコレ!
何故NYの摩天楼はここまで高くなったか
EMPIRE
エンパイア
『エンパイア』
ミッチェル・パーセル著
実川元子訳
(文藝春秋)
NY不動産王たちの権力争いに横井英樹が参入してエンパイアを買収する話だ
これはコーフンするよ~!
ハラハラドキドキ
こーいう本なら寝ずに読破!
愛人の娘キイ子
横井英樹
トランプ
ヘルムズリー

vol.6
ニューヨークのB級グルメ
LIKE NO OT
フレッシュ野菜で自分で料理
TIOGA
CHINESE EAT IN & TAKE OUT
Chinese curry sauce！
中華カレー　サイコー！
チキン
NYでどうしても食べたい安くて美味しいものっていっぱいある
アレも喰いたいコレも喰いてー
日本にいてうなされる程
もう飽きる程行っているのにまず行くのはチャイナタウンのベトナム料理店フォー・ベト・フーン
新しい店開拓しようよ～
ここばっか
サイゴンスタイルライスヌードル
有名なぶどうの葉牛肉巻き
生春巻き
だって日本のベトナム料理って香菜やミントをケチる上高くてサここは安いし
エクストラチャイニーズパセリプリーズ
↑こう言うと通じる
ここではいくらでもくれる
さっ
このベトナムは1でその近くの2は…
キャナル St
マルベリ St
1
2
ボー・キー・レストランという激安レストラン
東南アジアミックス料理でさらに安く屋台風で美味
ココナッツカレーに各種ヌードル
ペキンダックオーバーライス4ドル
千枚漬けがついていてよくあう
どれも5ドル以下
チェーン店の中華レストランオリーズはちょっと薄味でお上品
デリバリーも激はや！
仏像が目印
OLLIE'S
しかし私はどこのデリバリー中華でも各種カリーソース&ライスは必ず注文！これぞ涙のB級グルメ
チキン・ビーフ・シーフード
CURRY SAUCE

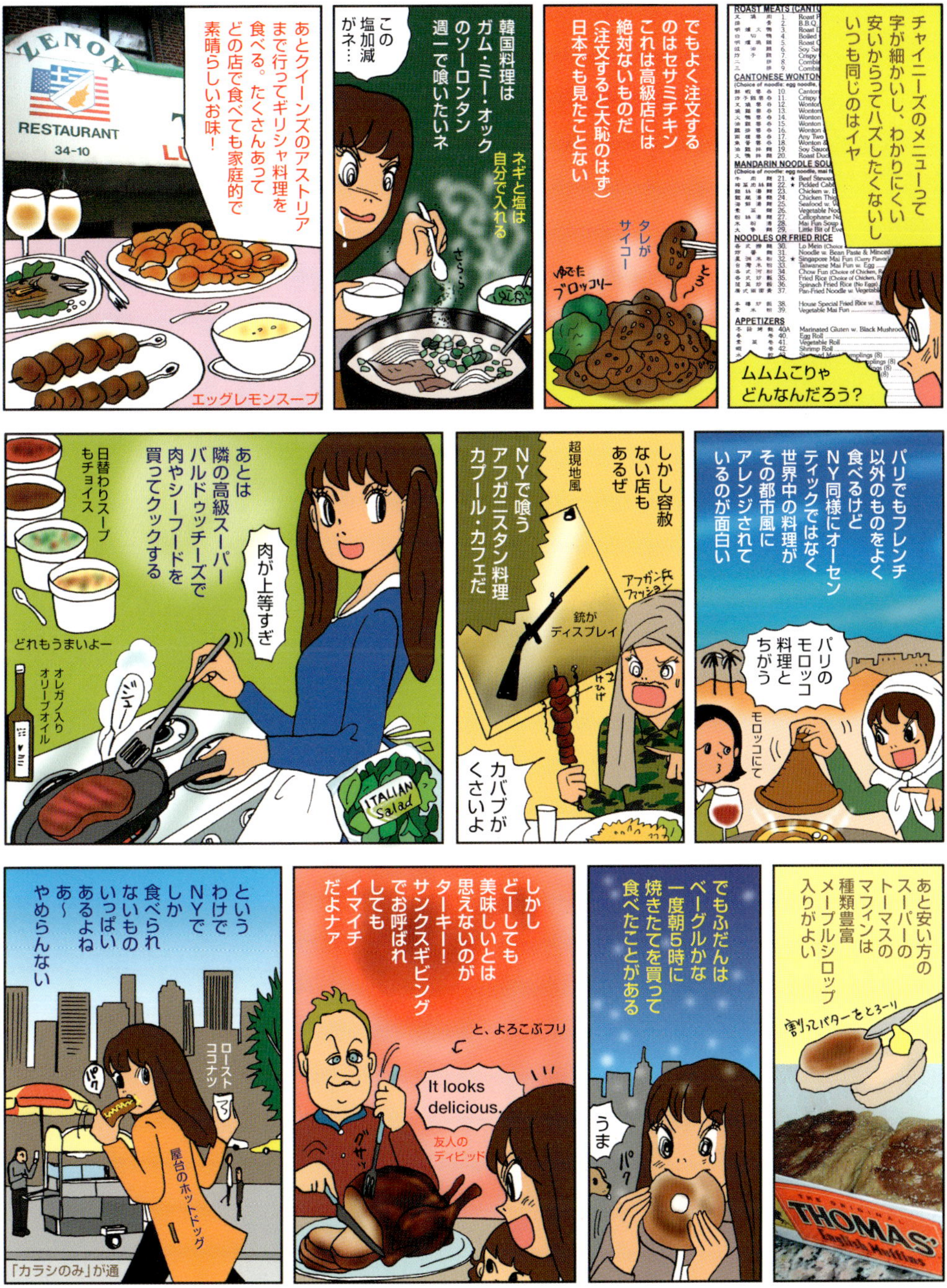
チャイニーズのメニューって字が細かいし、わかりにくい 安いからってハズしたくないし いつも同じのはイヤ
ROAST MEATS
CANTONESE WONTON
MANDARIN NOODLE SOUP
NOODLES OR FRIED RICE
APPETIZERS
ムムムこりゃどんなんだろう?
でもよく注文するのはセサミチキン これは高級店には絶対ないものだ (注文すると大恥のはず) 日本でも見たことない
タレがサイコー
とろ〜
ゆでたブロッコリー
韓国料理はガム・ミー・オックのソーロンタン 週一で喰いたいネ
この塩加減がネ…
ネギと塩は自分で入れる
さらら
あとクイーンズのアストリアまで行ってギリシャ料理を食べる。たくさんあってどの店で食べても家庭的で素晴らしいお味!
ZENON
RESTAURANT
34-10
エッグレモンスープ
パリでもフレンチ以外のものをよく食べるけどNY同様にオーセンティックではなく世界中の料理がその都市風にアレンジされているのが面白い
パリのモロッコ料理とちがう
モロッコにて
しかし容赦ない店もあるぜ
超現地風
NYで喰うアフガニスタン料理カブール・カフェだ
アフガン兵ファッション
銃がディスプレイ
つけひげ
カバブがくさいよ
あとは隣の高級スーパーバルドゥッチーズで肉やシーフードを買ってクックする
肉が上等すぎ
日替わりスープもチョイス
どれもうまいよー
オレガノ入りオリーブオイル
ジュー
ITALIAN Salad
あと安い方のスーパーのトーマスのマフィンは種類豊富 メープルシロップ入りがよい
割ってバターをとろ〜り
THOMAS' English Muffins
でもふだんはベーグルかな 一度朝5時に焼きたてを買って食べたことがある
うま
パク
しかしどーしても美味しいとは思えないのがターキー! サンクスギビングでお呼ばれしてもイマイチだよナァ
と、よろこぶフリ
It looks delicious.
友人のディビッド
グサッ
というわけでNYでしか食べられないものいっぱいあるよね あ〜やめらんない
ローストココナッツ
パク
屋台のホットドッグ
「カラシのみ」が通

vol.7
デヴォンのお部屋
DEVON AOKI
果たしてトップモデル
デヴォン・アオキに
会えるのか!?
今回はてっきりデヴォンちゃんに会わせてもらえると思っていたら
デヴォンの父の妻K子さん（やはり実業家）
デヴォンは映画の撮影がずっと長引いてまだまだNYに戻れないんですって!
エ〜〜
じゃお父さんに話を聞くよーどうですか娘さんは?
ベニハナ・オーナー ロッキー青木さん
再登場
んーそうだネェ
パパと娘のツーショット素顔があどけない…
デヴォンと買い物行くと面白いよ
前にセーター欲しいって言うから買いに行ったらあの色もこの色も…って
I like pink
さっ
I like yellow
I like blue
8色も買ってあげて
しかもいいカシミアだから一枚千ドルくらい
いいじゃないですかそんくらい!
大金持ちなんだから…
父娘で大金持ち
まあね、でも僕には子供が7人もいるから全員に買うんだよ
僕はデヴォンの部屋がすごくちらかってるからいつも怒るんだ

カール・ラガーフェルドにもらった服山積み
バスルームにも100$札が…
ゴージャス！
CHANEL
CHANEL
100$札の束でいっぱいの金庫あけっぱなし
さすが世界のトップモデルだよなー！
お金は大切にしなさいといつも言ってるけどね
シャネルかあー私も昔はずい分57丁目に通ったけど仲良しの店員がやめちゃったから行かなくなった
彫刻家になったジャクリーヌ
CHANEL
五番街57丁目の一番オイシイ場所にルイ・ヴィトンがオープンし世界中の女の子が最も遭難しやすいエリアとなった。これで「魔のトライアングル」から「魔のスクウェア」へ変わった
ルイ・ヴィトン
ティファニー
新作くれ
キャー
ワー
キャー
ヴァン・クリ
ブルガリ
助けて
ギャー
このスクウェアに出没するアラブの姫や働いてない富裕層の令嬢などはひと目でわかる
そこからバーニーズエルメスと徒歩エリアは散歩にもちょうどよい
HERMÈS
LANCÔME PARIS
そのあとブルーミングデールへ
またもやデヴォンちゃん
SOHOなどブランド小売店が並ぶけど、出たり入ったり面倒なので私はいっぺんに見られるデパートが好き
日本でも髙島屋やそごうなどで親と外商買いとババくさいやり方
サクスフィフスにメーシーズも
とはいえH&Mなどバカ安巨大ショップで買ったりも楽しいよ
チャイナタウンで10ドルのニセ・パシュミナもいいね色は20色
キャハ
カワイイ！
Pashmina Made in Italy
あまり今回ショッピングにはハマらなかったナ別に日本でも買えるし
欲しかったのはアンティーク木馬たったの300$は安い
デヴォンから少し服もらいたい
↑送料の方が高そうだからやめたよ

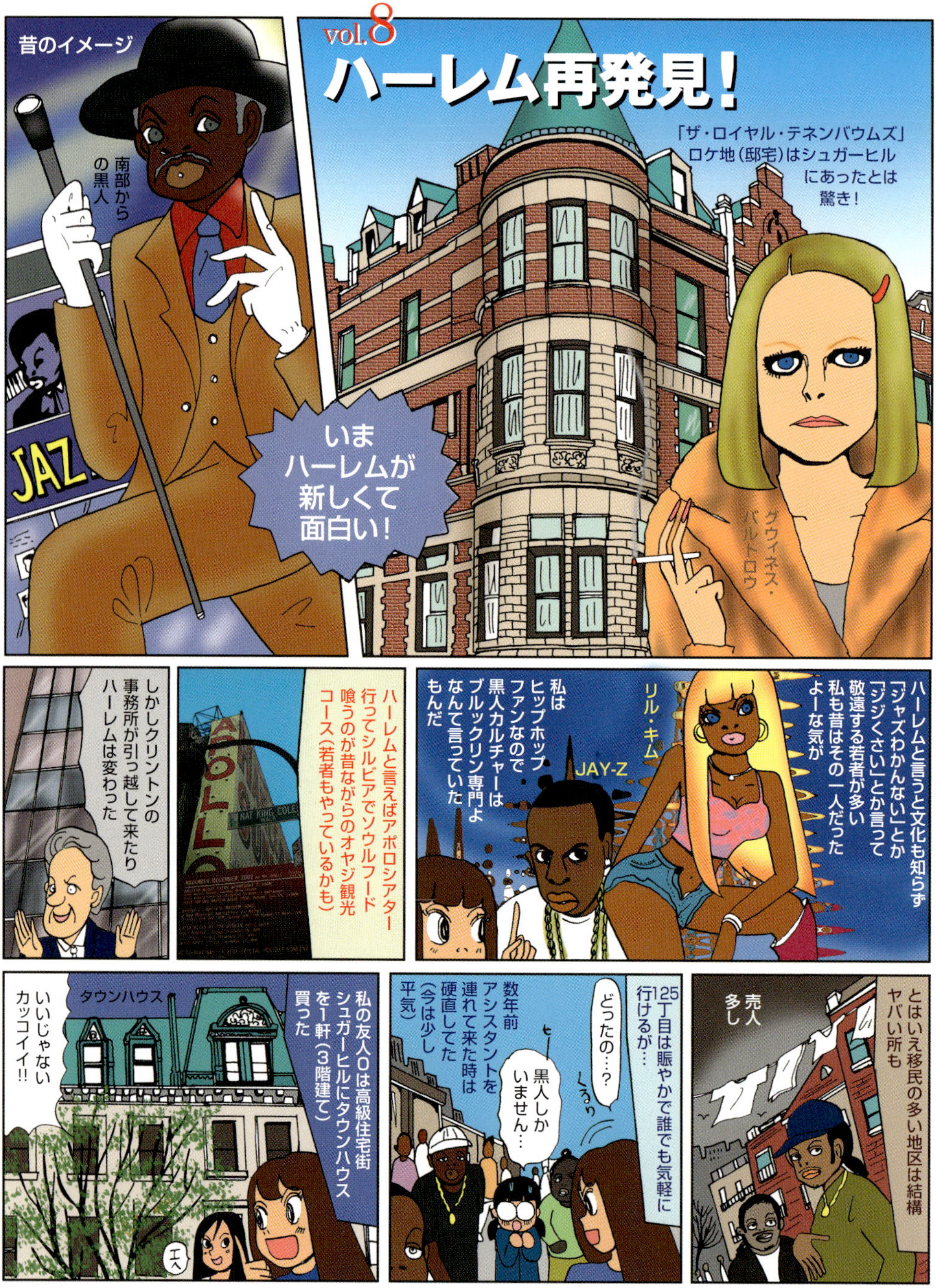
vol.8
ハーレム再発見!
「ザ・ロイヤル・テネンバウムズ」ロケ地（邸宅）はシュガーヒルにあったとは驚き!
グウィネス・パルトロウ
いま ハーレムが 新しくて 面白い!
昔のイメージ
南部からの黒人
JAZ
ハーレムと言うと文化も知らず「ジャズわかんない」とか「ジジくさい」とか言って敬遠する若者が多い 私も昔はその一人だった よーな気が
リル・キム
JAY-Z
私はヒップホップファンなので黒人カルチャーはブルックリン専門よなんて言っていたもんだ
ハーレムと言えばアポロシアター行ってシルビアでソウルフード喰うのが昔ながらのオヤジ観光コース（若者もやっているかも）
しかしクリントンの事務所が引っ越して来たりハーレムは変わった
とはいえ移民の多い地区は結構ヤバい所も
売人多し
125丁目は賑やかで誰でも気軽に行けるが…
どったの…?
くるり
ヒー
黒人しかいません…
数年前アシスタントを連れて来た時は硬直してた（今は少し平気）
私の友人Oは高級住宅街シュガーヒルにタウンハウスを1軒（3階建て）買った
タウンハウス
いいじゃないカッコイイ!!
エヘ

ナント その隣が去年ヒットした映画「ザ・ロイヤル・テネンバウムズ」で使われたお屋敷だったのだ! もうびっくり
NYの金持ち天才一家のストーリー
えーっ ハーレムで撮影したんだァ
シュガーヒルを散策してみると文教地区だし歴史的建造物が多いのに驚く
10ドル札になった人の像↓
勉強になるナ
Harlem map
あのジョージ・ワシントンのかつての邸宅もハーレムにあって歴史的建造物として大切にされている
まてー
トコトコ
MALCOLM X
マルコムXのことや黒人の歴史などを考えると眠れなくなるな
そしてハーレムの主トミーさんにお友達のジャズクラブに連れて行ってもらいました オーナーでありミュージシャンのロビンさんは現役です
Robin's
DRINKS・FOOD CA
本物はスゴイ! しかし残念ながら魂のジャズみたいのは若造の私にはもったいなくて…
トミーさん
ロビンさん
それでその近所にいる有名なヒップホップのプロデューサーのトゥルー・マスターを訪ねたらホッとしたよ やはり同年代
ワー つるますたー
←中金持ち
最近は彼のようにリノベーションに大金をかけてハーレムでおしゃれに暮らす階層がでてきた
高い天井
アンティークシャンデリア
私もシャンデリア大好きでウチにも大小アンティーク色々ぶらさげております
リムジンで行こう!
中はこうなっておりマス
ということで若者はやはりジミーズ・アップタウンで食事
2階はクラブになっているのでディナーの後遊びに行けるし
DJ長峰
みんなでこーんなでっかいパエリア食べて…
うっへー 山盛り!
ちょっとー ギャラリーとかジャズクラブとかゴスペル教会は行かないの?
夫
また今度
ハーレム… 大人の黒人文化漂う洗練されたNYがここにあり!
勉強して出直すワ!

vol.9
ドミニカへヴァケーション!
THE BAHAMAS
ATLANTIC OCEAN
TURKS AND CAICOS ISLANDS
U.S. VIRGIN ISLANDS
BRITISH VIRGIN ISLANDS
ANGUILLA
ST. MARTIN
ST. BARTHELEMY
CAYMAN ISLANDS
HAITI
PUERTO RICO
JAMAICA
DOMINICAN REPUBLIC
ST. EUSTATIUS
ANTIGUA
NEVIS
GUADELOUPE
DOMINICA
MARTINIQUE
CARIBBEAN SEA
ST. LUCIA
CURACAO
ARUBA
ST. VINCENT AND THE GRENADINES
BARBADOS
BONAIRE
GRENADA
TOBAGO
TRINIDAD
300 MI
300 Km
PANAMA
COLOMBIA
VENEZUELA
NYからカリブへヴァケーションへ行くのはとてもポピュラー
今回はどこへ行こうかなー
今回で私は6度目のカリブ
CARIB
クルーズもイイナ
バハマやジャマイカは相当お手ごろな料金で行ける
キューバがいいけど入国が面倒
ヤーマン
高級旅行雑誌で見たアングイラ（英国領）はどうかなと思ったら…
そこはジャネット・ジャクソンやハリウッドのスターなんかの超セレブがプライベートジェットで行く島だよ
夫
ムリムリ
へっ
じゃタークス&カイコスあたりどうかしらと思って調べてみると
おー
ここもちょっとセレブな感じでお高め
ゲ
そこで色々旅行会社と予算や日程など相談した結果
8日間でドミニカ共和国のビーチリゾートへ行くことに
Caribbean Islands
CRUISE SHIP
Which island would you recommend?
私たちは自力でアフリカのゴージャスなリゾートや日本人が行かない火星のような砂漠のへき地まで色々まわってきているが…
詳しくは『アフリカンネイバーズ』（木楽舎刊）
お子さま連れならカリブがいいネ
ナミビアはセスナで国一周
モロッコやモーリタニアはサハラでキャラバン
ケニアマサイ族

ドミニカ共はNYから3時間
プンタ・カナ直航便
ドミニカ共和国
ハイチ
サント・ドミンゴ（首都）
スクール水着
日本の子供ってカンジ
まずは新しくできた「グランホテル」へ滞在
カリビアン・リゾートの多くはオール・インクルーシヴで楽ちん
そしてビーチにいて気付いたが
ほとんど英語が聞こえてこない…
ここはスペイン語圏なので
1.スペイン語
2.フランス語
3.ドイツ語
4.英語
オレら以外アジア人はゼロでパリからの中国人と思われていた模様
西
仏
独
ヨーロピアン女（野郎も）ばっかし
でも娘（2歳）はスペイン語を話す
¡hola!(オラー)
これにはこっちが驚いた
¡hola!
Gracias
な…なんで？
それはNYでドーラちゃんというヒスパニック系の女の子が主人公のTVアニメを毎日見て覚えたものだ
DORA
Muy bien !
オレもスペイン語とか、やった方がいいかな…やだな～
9・11以降英語だけやってりゃいいというのも完全に終わったしね
英語はまるでダメ
Delicioso!
8日間もあるので後半は近くの別のホテル「ババーロ・プリンセス」へ移った
ヴィラ風の建物がいっぱい並ぶ
中はお姫さま風
子供はビーチより毎日プール
プールもいくつもあって貸し切り状態の所もある
あだ名が「葉巻ぼうや」の夫はドミニカ産にコーフン
CIGAR LOUNGE
Hechos a Mano
100% Dominicano
fabrica y Venta
タバコは吸ったことない
しかしヨーロッパのギャルはパレオの巻き方がウマイよね！
私がやるとついついアフリカのマサイ族みたいになっちゃうのはなんでだろ～♪
ダサダサ
日系マサイ女

vol.10
カリブの大金持ちセレブ
優雅にポロ観戦
どちらもトニーさんです
トーッ
シャンデリアが
ひっ
NYからドミニカ共和国にヴァケーションに行くことにしました、と
アトランタ総領事
Hさん
外務省の頼もしい知人にメールした
せっかく珍しい国へ行くから
エヘッ
誰かセレブを紹介していただきたいなーなんつって
滞在先のプンタカナから小型飛行機で40分
ゴォーン
首都サント・ドミンゴまで往復チケットをソク購入！
Hさんの紹介でまず登場したのがドミニカ日本大使館の外交官 O女史
スペイン語ペラペラ！
でかい
たまたま大使公邸で天皇誕生日記念レセプションパーティのお招きを受けた
野上大使夫妻や技術大臣にもお会いしました
ねーねーOさんセレブな人誰か来てないの?
うーん…
すると日本人がたくさん…
あのー漫画家の方ですよネー
あの人チューソンジ…
写真撮らせて下さーい
へっ

どーしてドミニカへいらしたのォ?
ワー日本人の漫画家の人だー♪
私がセレブになってどーする〜?
キャハ
次は私やねん
パシャ
しかし次の日O女史の個人的な友人でドミニカ屈指の大金持ちセレブの邸宅へ
ホテルのよーなエントランス
トニーさんは空手が趣味で自社株で優雅に暮らしている
メキシコ人妻
なんか側に背筋のシャキッとした立ち居振る舞いが上品な日本人男性がいるナと思ったら…
トニーさんが日本へ行った時連れ帰った空手の先生だったのだ!
もう4年もドミニカにいるんです
こんなイカした先生を?
トオー
亀ちゃん
メレンゲのリズムで踊る武道家!
しかしお宅はホントに素晴らしくどこを見てもタメ息もの
日本庭園にはフラミンゴや白鳥が…
キャーッ
もう帰りの飛行機の時間だからおいとましますと言うと
いきなりパイロット付き自家用ヘリが庭に!
ホテルへ送ってもらう途中もうひとつの趣味もちょっと見ませんかと言われ
ここは高級リゾート カサ・デ・カンポ
なんとポロのグラウンドとチームを個人所有していていきなりゲームが始まった!もちろん正式な英国式!
パカッ パカッ
これがポロ!
うまだー
その後ホテルのヘリポートまで送ってもらったら政府要人が来たかと思われ大騒ぎに!
ヤベエ
余談ですが前出のHさん…
アトランタにてカーター元大統領をお招きする晩餐会に中尊寺さまを是非御招待したい
←これも旅費は自費
お話だけありがたくっ……

vol.11
セレブな子育て
勝手なセレブ・ママイメージ →
（子供は二人）
顔はヴィクトリア
ファッションは
マドンナなど
複数まぜこぜ
ザッ
パパラッチ
SP
自分はメチャクチャでも
娘はコンサバ
お腹が目立ってきた頃に
NYから帰って4月に
男の子を出産しました
ブッチュ～
あかちゃん
あかちゃん
なぜか長女の時には安物ですましたが
息子には白いベッドを買ってあげた
バンビのオルゴールメリー
Cradle 'n Crib.com
The finest in children's bedding
アメリカ製の可愛いクリブ!!!
本当はこんなのが
欲しかったんだけど
船便じゃ間に合わなかったよ～!
しかし、この少子化時代
子供を持たないカップルや
独身者がギョーカイには
トクに多い
私にはムリ
そうですぅ
担当ー一さん ←
だめョ! がんばれ
しつこく
激励 →
某大手新聞社の記者は…
エーッ!!
二人目ですか?
今年3月頃
へっ
既婚者
イヤ～ン♪
セレブっぽい
ゴージャス!
私たちの世代は
きょうだいがいるのが
当たり前だった
大変そうで
一人産むのも
考えちゃいますよ～!
もー忙しいですしー
がんばってよ
しかし親になった今
二人以上子供を持つと
贅沢とされ
セレブとか金持ちとか
言われる始末
まあね
みんな
仕事もしたい
から難しいよ

確かに子供にはお金も時間もエネルギーも莫大に使うわけだからね
なかなか仕事までたどり着かない日々…
ちょっとォあたしのポスター切らないで
じょきっ
科学を○○○
2歳9ヵ月
そんな所から見ない
テレビ（アンパンマン）を見る
そしてどこで覚えたのか？へんなことを言う
ママ〜！ TOO MUCH MONEY
ヒィィィ
WOW!
そ、その逆だよ
しかし実際 TOO MUCH MONEY（金が有り余っている）な人生だったら『ティファニーで子育てを』みたいにやれそうだけど、そんなのイヤ
愛情以外のものはすべて与えるハイソな子育てなんて！
NYのお金持ちに雇われたナニーの暴露小説
ティファニーで子育てを
上流社会をギャグでかわすセンスが面白い本
ブランド全開 シャネル エルメス カルティエ etc.…
憧れつつムカッキつつ笑える
ヒュー
セントラルパークのプレイグラウンドで遊んでいた時
それらしきアッパークラスの子供たちがいたが確かに親とは来ていなかったよ
アッパーウエスト86丁目
名門幼稚園に入れるには1億円近い裏金も必要と新聞で問題になっていたし雑誌でも名門のスゴイお受験の特集をしていた
Jesse Helms: Saying Good-bye to the Senator New Yorkers Love to Hate By Jennifer Senior
NEW YORK
preschool confidential
Why will some parents pay anything (or do anything) to get their kids into the right nursery school? Michael Wolff on what's really at stake.
Plus: The City's 20 Most Sought-After Preschools
そんな別世界のことを考える以前に目の前の子育てには色々考えることが多い
MERRY THOUGHT
しかしこの際、映画「デブラ・ウィンガーを探して」気取りでインタビューに答えるもよし（アホか？）
リップスティックのサイン
Yetsuko CHU-Sonji
ファミリーは大切ね でもキャリアも…
ロザンナ・アークエット
でもさー結局デブラ・ウィンガーってある意味百恵ちゃんじゃん
そういっちゃうとナンですがこの映画は一見の価値ありあり
これっきりこれっきりもー
じゃあそうコメント出せば？
キネ旬
ちなみに息子の名前は欧司（おうじ）で王子さまでもありOG＝オリジナル・ギャングスタでもあるという…！将来どんなかな？
ぱた
ぱた
OG＝アイスTなどアメリカのラッパーの大御所をそう呼ぶ

vol.12
ブロンクス・ズーへ行く
WILD LIFE IN BRONX
子供といっしょにNYへ来るとまた違った楽しみがある。そのひとつは動物園＝ブロンクス・ズーへ行くこと！
夫
She is so cute! Chinese?
No…
電車にのんびり乗っていると知らないバーサンに話しかけられた…
動物が4000以上もいて想像以上のデカさでどこからどう回っていくのか対策なしではキツイことがすぐ判明
WILDLIFE CONSERVATION PARK
駅から一番近いゲートはここ
広い！
ここがブロンクスだとは信じがたい！
アフリカ各国でゲーム・ドライブを色々とやってきたけど、それを彷彿させるものがあるほどだ
ここはケニアのマサイマラ
ふらみんご～♪
フラミンゴ好きの娘
そして娘は動物園の地図を放さない
倭央ちゃん貸してよ
zoo map

ワオちゃん今どこにいる?
将来は「地図の読める女」か!?
ねーママにも見せて
じーー
地図を見なきゃどこにいるかわかんないよ~
絶対によこさないからどこにいるのかサッパリわからないまま回った
ゴリラはどこじゃ~??
ハァ
じ~
ハァ
そしてもちろんアフリカの動物だけではなく世界中の動物が見られるわけで一日で回るのは無理
ジャングルの設備もスバラシイ
孫悟空のモデルになった金色のサル
NYでは象は有り難くエレファント・ハウスに祭られているケニアとは大違いだなあ
さて80年代NYとケニアを結んだセレブといえばこの人物!
ケニアの貴公子ピーター・ビアード
NY出身の大金持ちの彼は、サバンナに住み世界中からありとあらゆるセレブ(ロイヤルファミリーからハリウッド女優まで)を招き毎日パーティ三昧!
あのイマンをサバンナから連れ帰ってスーパーモデルにしたてたという逸話もある人物だ
その後ビアードは信頼してた象に痛い目にあわされた
パオー
そんなことを考えつつガラス越しに象を見た
やっぱ都会の象はおとなしいのう…
ワラ
そしてまたマンハッタンまで電車に揺られた
帰りも違う知らないバーサンに30分も延々話しかけられた
地下鉄2番線はバーサンに要注意だ!
I go to upper west to go shopping and to talk to someone in the cafe every day. I'm bored in Bronx
ハァ
ヌヌ
毎日アッパーウエストまで出かけて暇つぶしをするそうだ

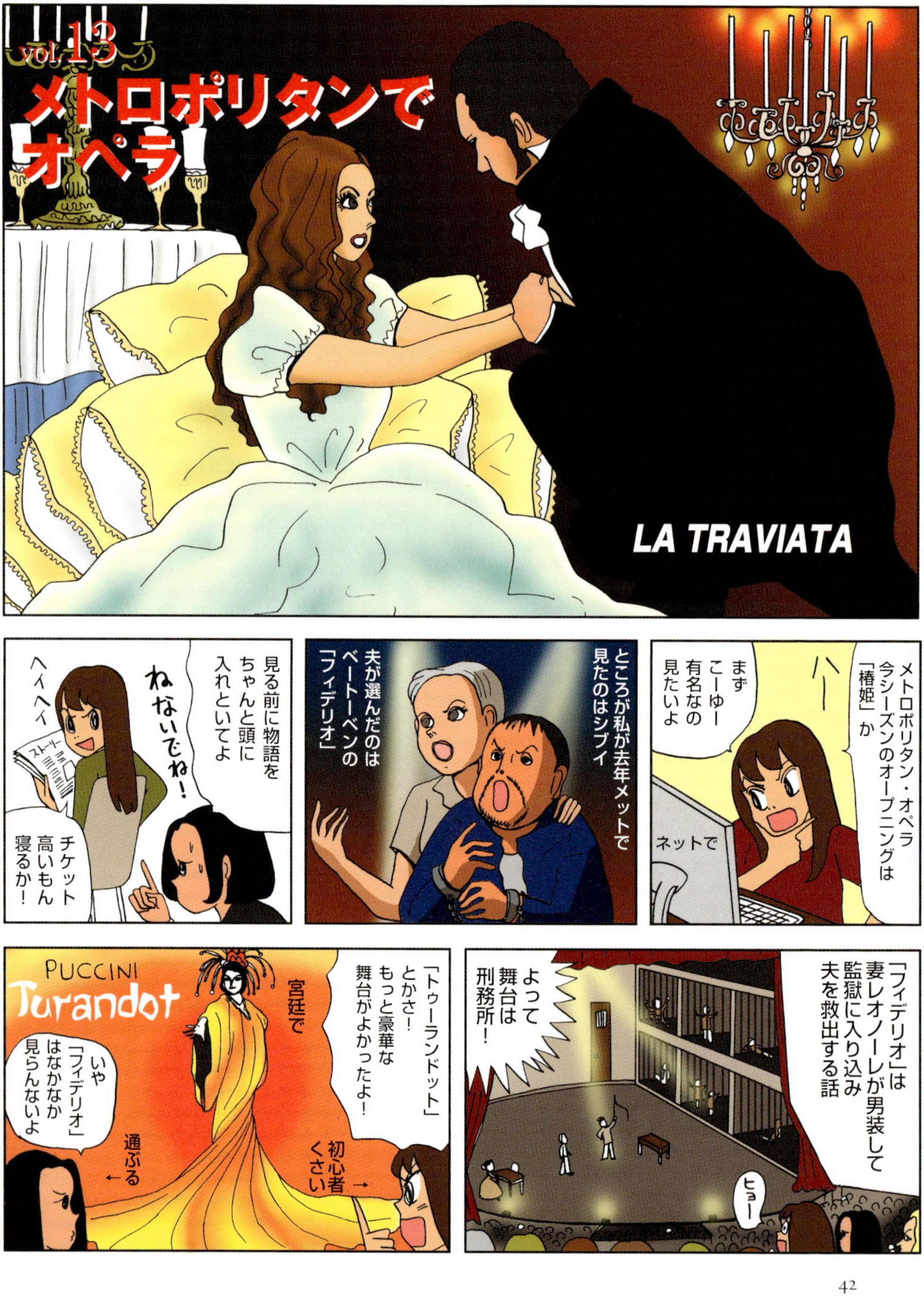
vol.13
メトロポリタンでオペラ
LA TRAVIATA
メトロポリタン・オペラ
今シーズンのオープニングは
「椿姫」か
まず
こーゆー
有名なの
見たいよ
ハー
ネットで
ところが私が去年メットで
見たのはシブイ
夫が選んだのは
ベートーベンの
「フィデリオ」
見る前に物語を
ちゃんと頭に
入れといてよ
ねないでね!
ヘイヘイ
ストーリー
チケット
高いもん
寝るか!
「フィデリオ」は
妻レオノーレが男装して
監獄に入り込み
夫を救出する話
よって
舞台は
刑務所!
ヒョー
宮廷で
「トゥーランドット」
とかさ!
もっと豪華な
舞台がよかったよ!
初心者
くさい →
PUCCINI
Turandot
いや
「フィデリオ」
はなかなか
見らんないよ
通ぶる
←

幕間のシャンペン18ドル…
どーせ私のオゴリじゃん
その時妊娠中で禁酒→
おいち
でも話も面白くてフィナーレは豪華だったのでした
ブラボー！
だいたいメトロポリタンは家（ステイ先）から3分とあってプレ・シアター・ディナーは家でカレーライス…
まにあわん！
バクバク
ホセ・カレーラスっていたよね
サンボクでかってきたカレーマルシェ
私の20代の頃の夢はジョンジョンみたいなニューヨーカーとプレ・シアター・ディナーからバシッとキメキメでメットでオペラ観劇だったのだが…（ちょっとベタ?）
故JFKジュニア
前売券→
以前ポートランドで「ポーギーとベス」も見たけど仕事の人とだったしね
黒人英語バリバリのオペラしかも男は足の不自由な乞食
オペラを語るようになるまでは遠い
プッチーニ ロッシーニ ヴェルディ
R・シュトラウス…
オペラの発見
ところで話は変わりますが
フラウ編集部より→
映画「コンフェッション」の原作者へインタビューの仕事きてますよ
やるやる
チャック・バリス
それが中尊寺さんがNYにいらっしゃると思ってたらしく……
へっ
私は今日本なんスよ〜！
そしたらNYまで出張してほしいと…
まあ今この状態でNY出張するのはムリ…
3ヵ月→
連れていくにもナアー
時差ボケなおるのに2週間かかる子→
キャー

Titleist
vol.14
華麗にゴルフ復活！
先日なんと4年ぶりにゴルフへ行ったらすごくうまくてアセった
超ナイス
キャー
コロコロ
キングフィールズ（千葉）
自分がコワイよ……！
ニュークラブがコワイんでしょ
友人K（D通）
今日はじめて使わせてもらったが
クラブの進化はスゴイ！
まあ私はブリヂストンの契約アマだからサ
→ていうかポスターのイラストをかいてるだけなんです
丸ちゃんは契約プロ
この新兵器を持って全米アマツアーに出たい
意味不明→
ELLE GOLF
ツアーステージ
上の子は坂田信弘さんの子供ゴルフ塾へあずけてサ
よろしく
もうクラブもってるよ
こう言う←だろうナ
これあんたの子？へーっ

NYでよく行っていたのはスモールというパブリックコース。地下鉄でブロンクスまで行く
じー
じろじろ
途中で2PACのよーなサグライフな人たちにとりかこまれる醍醐味も…
PING
そしてこんな知らない人たちとも平気で回るチープ系NYゴルフはお手軽
当時ショートカットの頃も…
あとクイーンズのパブリックにタクシーで乗りつけたところで安いしね
ほったて小屋クラブハウスでホットドッグこれがイケる
パク
ちなみにNYでは日本人経営のコースもあって日本食を食べることも
昼は天プラ定食いきますか
日本の社長と行く
私はそばで
私はうどんで
そして西海岸へ行けばミーハーと思われようがやはりペブルビーチ
ここで回ればまずお姫様気分
Pebble Beach Golf links
そしてプロみたいに専属キャディをつけて回ることもできるし
7iron
スッ
というわけで日本、NYと限らずアメリカ各地でゴルフをしてきているが
出産などで4年間やすんだ
ビシ
その間に…クラブが急激に進化してたのでうまくなった感じ
そ…そんなもんか
でかヘッド
今までの私の苦労は…?
また4年休んでやればもっとスコアいいよ
オリンピックか?
ワハハ
ゴルフ行きたいっ

ロシア風呂でカルチャーショック!
vol.15
Russian Bath
NYにある「ロシア風呂」というと上のようなものを思い浮かべませんか?
RUSSIAN BATH
ところが!! 私の通いつめたロシア風呂は
イーストビレッジのボロビルにある!
100年の歴史
NY FINEST HEALTH CLUB RUSSIAN & TURKISH BATHS 268 E. 10 ST.
ACTIVE DRIVEWAY
最初は10年前、混浴日に友人に連れられて行ったが
ここはどこー!?
小説家ディビッド
ギイィー
うへー
昔の…共産主義みたい
ボロッ…
ボロっちいロッカー
薄暗い洞窟のようなサウナ室へ入ると…
?ナヌ
ザー
バサ
裸電球2個
カーリンカ カリンカ
ロシア人オヤジたちがコサックダンスを踊ってる!

別の日はいきなり知らない人にマッサージされ水をぶっかけられたぜ
HA HA HA HA HA
ザッパーン
バサー
ギャー
レディスデー（水曜日）に行くと世界中の女がスッ裸のつき合い！
J・LO尻
ロシアオバ尻
モデル尻
留学生尻
私はとにかくスパ、サウナ好き。その効果も素晴らしいが、このご近所感覚がたまりません。みんな友人ってカンジ
パックもすすめてもらったり
Very good for your skin
What's this?
ペター
そしてあんまりキレイとは言えない死海風呂に浮く
ホエ〜
とにかく古いからネ
プカー
風呂上がりには必ず名物のレモネードとほうれん草のピロシキを注文
FRESH
BEEF
TOMATO
CHEESE
！
うますぎ！
いつか本場フィンランドのサウナへ行って雪山の湖に飛び込んでみたい
ヒャッホー
ロシア風呂の事は8年前に刊行した『ニューヨークネイバーズ』にも少し書きましたがこれを見て行って衝撃を受ける人が多く、私のウェブサイトにメールをくれる
NEW YORK neighbors
いまだ大人気（アスペクト刊）
のぞいてみてネ↓
chusonji.com
Yさん
行ってきました！スゴかったっス
ところでヘアスタイルを変えましたこれっぽっちを変えるのにすごい勇気がいったよ〜

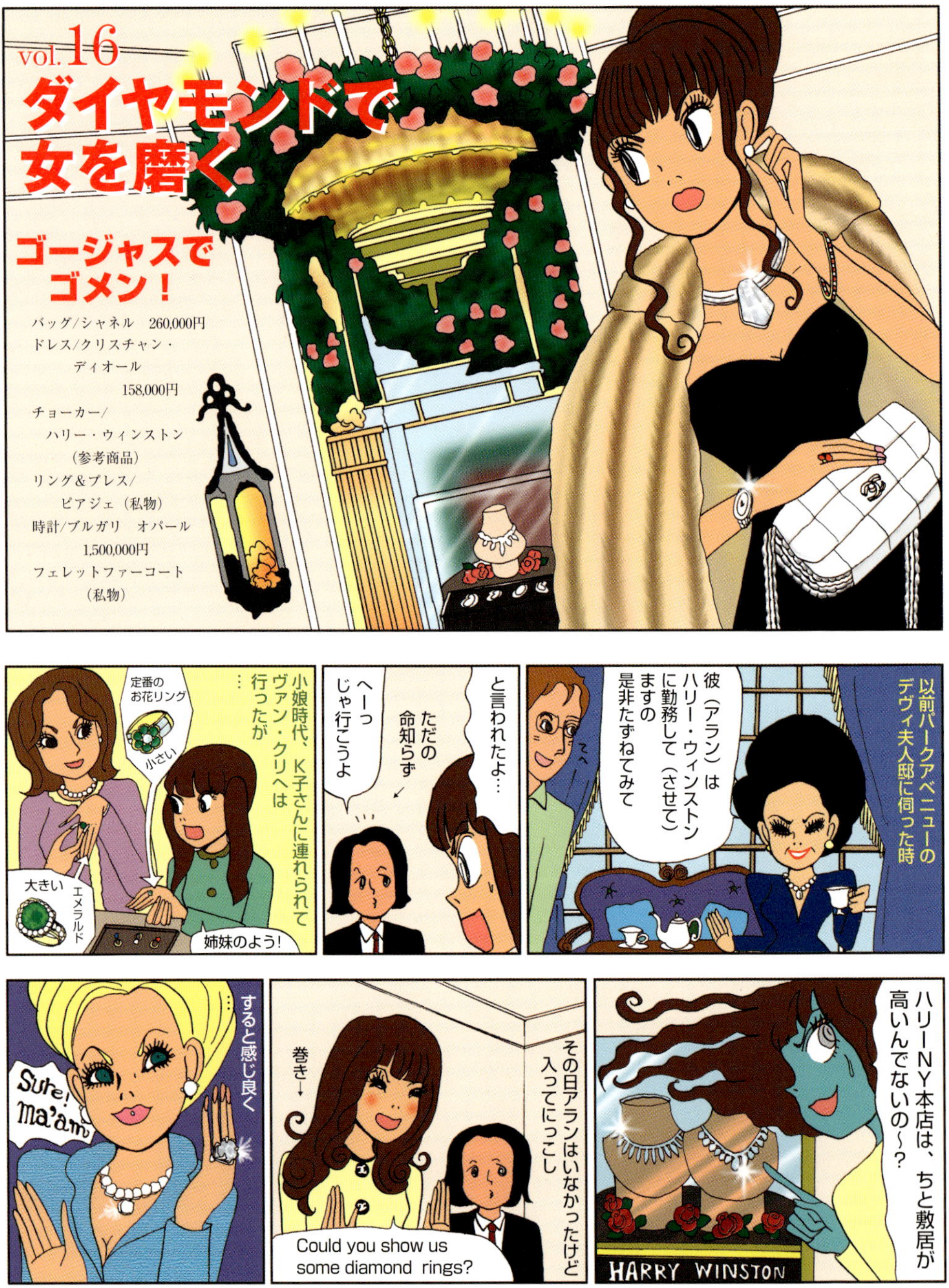
vol.16
ダイヤモンドで女を磨く
ゴージャスでゴメン！
バッグ/シャネル　260,000円
ドレス/クリスチャン・ディオール　158,000円
チョーカー/ハリー・ウィンストン（参考商品）
リング＆ブレス/ピアジェ（私物）
時計/ブルガリ　オパール　1,500,000円
フェレットファーコート（私物）
以前パークアベニューのデヴィ夫人邸に伺った時
彼（アラン）はハリー・ウィンストンに勤務して（させて）ますの是非たずねてみて
と言われたよ…
ただの命知らず
へーっじゃ行こうよ
小娘時代、K子さんに連れられてヴァン・クリへは行ったが…
定番のお花リング
小さい
大きい
エメラルド
姉妹のよう！
ハリーNY本店は、ちと敷居が高いんでないの〜？
HARRY WINSTON
その日アランはいなかったけど入ってにっこし
巻き
Could you show us some diamond rings?
すると感じ良く…
Sure! ma'am

小物の1ctを見せる店員の指には平気で10ctだもんね〜
ビカー
ゲッ
2万ドル〜
ン百万ドル
それを見てやる気をなくし…
こーなったらダイヤモンドストリート（問屋街）でユダヤ人から買うかアフリカで原石を探すか
業者じゃないんだから
南ア産
ナミビア産
先日DTC主催ダイヤモンド（トリロジー）の豪華な発表会にお呼ばれした
花田景子さん
セレブ向け？にジュエリーを貸してくださるということで部屋へ行くと私のために用意してくださっていた
イヤーンステキ♡
スタウリーノ・ブレス 910,000円
スタウリーノ・ネックレス 1,750,000円
ネックレス 380,000円
リング（マーキーズ） 5,000,000円
そこへ急きょ来れなくなった夫の代理で呼んだ従妹（フリーター主婦32歳＝バッチリキメ込んできた）を南美希子さんに紹介すると
んまっかわいい方♡あなたも借りた方がいいわね
と言ってくださったので
ねースゴイの貸して頂いたよ〜
ひ〜〜
ブレス（五百万円）他
おおっ馬子にもダイヤ
ふだんはダサイのに……！
今度は蜷川有紀さんにホメられる
あらーかわいい！どなた？
ひー
うのちゃん
え？中尊寺さんのお従妹さん？
ダラダラ…
と言いつつうれしい
映画「ファム・ファタール」のレセプションパーティの時もやはり同じでショパールの宝石を受け取りに帝国ホテルへ
アレは貸してくんないの？
エヘッ
12億円のビスチェ！
そんなバカな
他社編集H
そしたら部屋をまちがえちゃったよ！
あちゃー本物！
レベッカ・ローミン＝ステイモスの部屋でした
？
ひっ
スンマセーン

vol.17

フォトジェニック 今&昔

IMAN
ランウエイは
引退しても世界のセレブ
永遠のトップモデル
これは７年前のイマンです

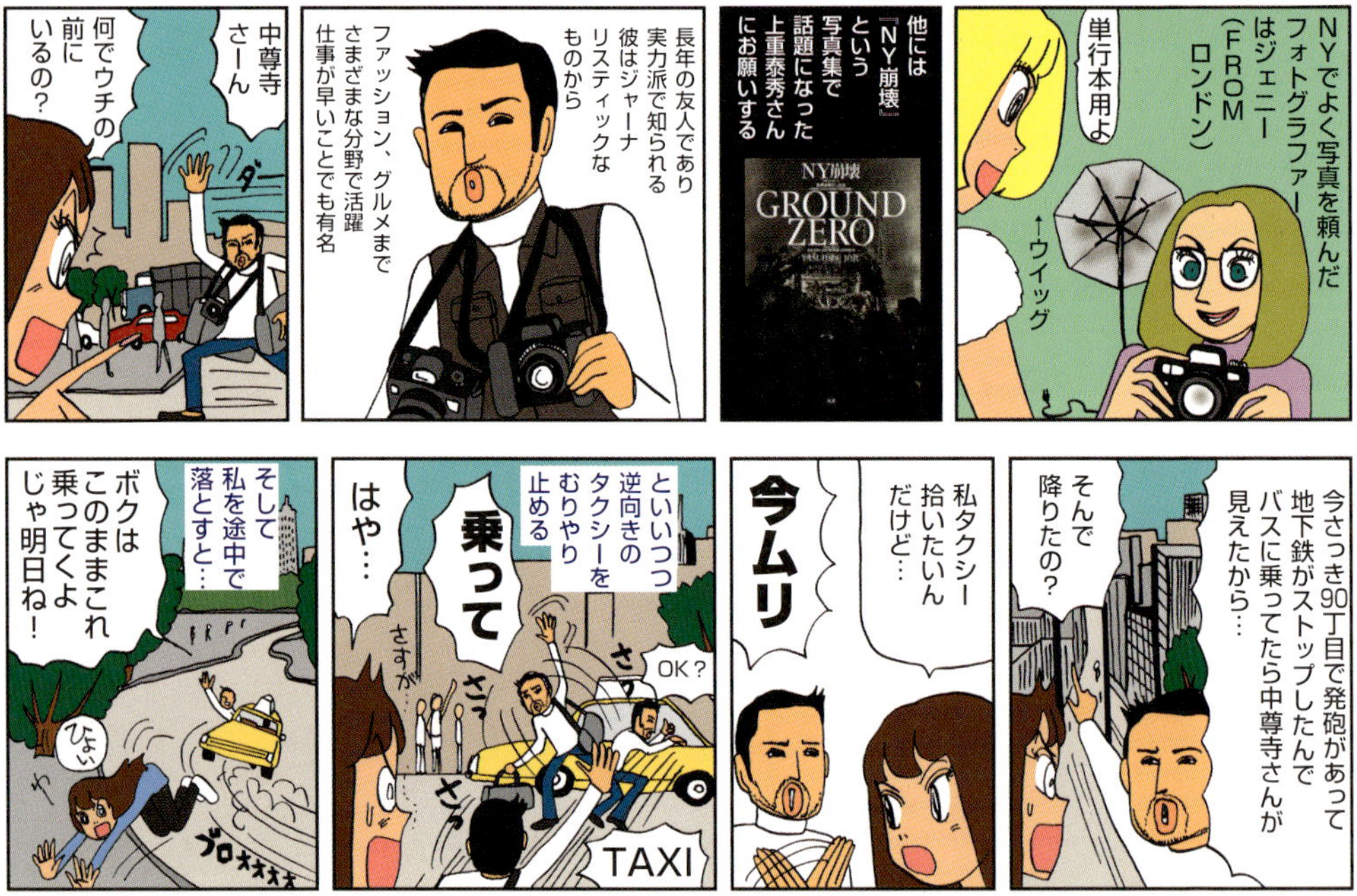
NYでよく写真を頼んだフォトグラファーはジェニー（FROMロンドン）
単行本用よ
←ウイッグ
他には『NY崩壊』という写真集で話題になった上重泰秀さんにお願いする
NY崩壊
GROUND ZERO
長年の友人であり実力派で知られる彼はジャーナリスティックなものから
ファッション、グルメまでさまざまな分野で活躍仕事が早いことでも有名
中尊寺さーん
ダー
何でウチの前にいるの？
今さっき90丁目で発砲があって地下鉄がストップしたんでバスに乗ってたら中尊寺さんが見えたから…
そんで降りたの？
私タクシー拾いたいんだけど…
今ムリ
といいつつ逆向きのタクシーをむりやり止める
乗って
はや…
さすが…
OK？
TAXI
ボクはこのままこれ乗ってくよじゃ明日ね！
そして私を途中で落とすと…
ひょい

とにかく早い！仕事量もすごい
カシャー
ハイ
ハイ
もちろん腕も確かだ
カシャー
他誌用
ちょっとキビシイ…10年前も上重さんに撮ってもらってるけど私も昔とちがってもうかわいくなくなっちゃったよねェ…
かたづけも早い
そうだね
ガチャ
ガチャ
ポジ
ううむ
ちょっとォ フォローはないの フォローは？
グラウンド・ゼロ行ってきまーす
ちょっと
ダァー
かわいくなくなった私は小4～中2まではFMGという老舗のモデルクラブに所属していて一応CMや雑誌のお仕事をしていた
fmg
1973
先日FMG50周年記念パーティが盛大に行われファッションショーやイベントなど盛りだくさんだった
今は井川遥も所属
少女モデル出身で今は漫画家！という変わったキャリアのため社長に頼まれてごあいさつを…
50周年おめでとうございます！
四方義朗さんと長友啓典さんもお客さんで招かれていた
へーっ中尊寺はFMGだったんだー
びっくりだな
んまーあなた漫画家なのォー？
大先輩の西条エミさんと芳村真理さんはすごいカンロクでカッチョイイ
その数日後、人に言われて「噂の真相」を見ると！
※劇団じゃないよモデルクラブだよ
ママドルのK・Mは十代の頃同じ※劇団だった中尊寺ゆつこをいじめていた程の大物
ゲッ
噂
真偽は別としてへえー私をいじめると大物なんだ……
カシャー
中尊寺さん僕の個展今日までだよ今日まで！
私をせかす大物
東京でも活躍

vol.18
子供と行くニューヨーク
CAROUSEL
息子(欧司=おうじ)は早6ヵ月
離乳食
あーん
パタパタ
OG
妊娠5ヵ月で海でバカ泳ぎしたにもかかわらず
よくぞ無事に生まれて来たものです
ちょっと…やめたら?
カリブ海
キャー
キャハハ
ドッポーン
しかし子供二人というのは楽しいが思ったよりヘヴィ!
やっぱトイレ
トムとジェリーのビデオ
あ〜
う〜
ごはん
でもうちには赤ちゃん心のよくわかる男がいるのでまかせとく
フフフ
イルカのように超音波を発してるらしい
NYでも幼児が集まってくる
ニューヨーク水族館(The New York Aquarium)
そしてちゃんと公園や水族館にまめに連れて行くし説明もよくする
私が連れて行くのは主に買い物!
フェイク・ファーコート50ドル!

子供といっしょにNYにステイすると今まで行かなかった場所に行くことに
こんな普通の所だけど楽しいよね
キャー
Bronx
ブロンクス・ズー
他に夏ならジョンズ・ビーチ
自然史博物館
カルーセル
トイザらス
セントラルパーク・ズー
FAOシュワルツ
ディズニーストア
バッテリー・パーク
Queens
New Jersey
ボタニカル・ガーデン
Brooklyn
まだまだ他にもいっぱいある
コニーアイランド
タイムズ・スクエアのトイザらスは中に3フロアぶち抜きで観覧車があって大人気
五番街のディズニーストアは超豪華!
ここはスゴイ!
日本に持って帰るのが大変なのでなるべく買わないようにしてもすぐたまる
ビデオや本も
FAO SCHWARZ
だから近所の公園で遊べばいいんだよお金を使うことないよ
いや今日はバーニーズかサックスの子供服バーゲンに…
キャー
その結果室内はこうなる
おしゃれなNY生活は不可能です
ところで先日NHK国際ウィークエンド・ジャパノロジーにゲスト出演した
テーマは「変わる日本女性」
海外向けなので全編英語
Altohgh the world has changed a lot. most women have managed to adjust themselves to these changes,even to this long eco…
ピーター・バラカン司会
つっこみが激しい
それを親と親戚にビデオで見せたら
あのこれ…
…
…
…
全くの無反応
英語がわからない?
せっかく出たのに見た人はだ~れもいなかった
だってその番組BSで日曜日の午前4時15分からなんだもん
英語ウマイです~
見たのは身内のみ
内容もよかったね
せっかくがんばったのにィ

vol.19 アメリカのファーストレディー
Jacqueline Kennedy Onassis
Carolyn Bessette
Maria Shriver
今やファーストレディー並みの勢い&セレブ感
マリア・シュライバー ジョン・F・ケネディの姪
ちょっと歯が…
そしてシュワルツェネッガーの妻でもある
JOIN ARNOLD
夫を次期カルフォルニア州知事にさせた女!
ボー
火事の後始末どーする!?
でも夫なんてホントはどーでもいいの息子を大統領にさせたいと思っているはず
10歳
息子の名前は…
ネットで調べると
パトリック!やはり…
JFKの父と祖父と曽祖父と同じ名前じゃん!
ガーン!
父 J.P.K
ヒィィ
この女はマジだ!
この子の大統領選まで30年あるわ
僕は?
ワー
ドーン
知るか
でもやっぱり故JFKジュニアに大統領になってほしかったよね血筋と顔で決めると
ジョンジョーン
やはりプリンス超イイ男

10年前 おっかけではなく 偶然ジュニアに 会うことを 無謀にも 夢見てたけど
例えばさあ セントラルパークで
キャー
ヘロヘロ
あなたの犬 池で おぼれてましたよ
ガンつける ダリル・ハンナ
そんなこと あるはずなく かわりに 国連に勤める 友人がジュニアに 会ったという！
んも〜 腰ヌケに イイ男！
はらほろひれはれ
ぐにゃぐにゃ
ズルイ
そうこうしていると 94年5月 母親の ジャクリーヌ 死去！
甲状腺ガンで…
Death of A First Lady
まさか
その後の99年 ジュニアは妻と 妻の姉とともに セスナで 墜落死 ネットのCNN ヘッドラインで 知る
MASSACHUSETTS
RHODE ISLAND
Hyannis Port
Martha's Vineyard
Newport
NEW YORK
Plane plunges 1,400ft in 14 seconds
Luggage recovered
Plane wreckage and bodies found by sonar
Kennedy tragedy
やはり呪われた ケネディ王朝なの？
私も JFK ファミリー ファンとして 色々本を 読んで研究 してきている
The Last Brother
Remembering Jackie
そして今年早々 「アメリカズ プリンス」 というジュニアの 生涯を描いた テレビドラマを ビデオで見た
そっくりさん 大集合〜
そりこみきつい
顔が薄く パーマが 人工
ジャクリーヌ 似てない
ダリル・ハンナ アゴ出しすぎ
ロシア系？
太めの キャロリンだんごっ鼻
ファッションや小物も こまかく 再現
しかし トレンディドラマじゃ安っぽすぎない？ もう少したってから 映画化されてほしかった でも大統領になってないからだめか
カンゴールの帽子
母子でサングラス
闘病中のファッション
私は近くに 行くと必ず セントラルパーク沿いの 86丁目のジャクリーヌの アパートメントの 前を通る
こんな風に 歩いていた のでしょう
そして今は ジャクリーヌの 再来と言われる シュライバーが話題
私なんて まだまだっス
しかしシュワちゃんが TVで演説してるの 見ると、このギャラ いくら？ とか いちいち 思うよなあ
消防士も 私もヒーローだ
ヘンな英語
→火事が大変だと 言っている

TRUMP
INTERNATIONAL
HOTEL & TOWER
ONE CENTRAL PARK WEST
TRUMP INTERNATIONAL HOTEL
若き日のドナルド・トランプ
資産5000億円のNY不動産王
vol.20
トランプでジャン・ジョルジュに会う
今回は一人でNYに8日間ステイすることに
以前から興味のあったトランプ・インターナショナル・ホテルを予約した
ここに泊まって一階に入ってる大好きなフレンチ・レストラン
ジャン・ジョルジュから出前とるっきゃないでしょう
ルーム・ダイニングって言ってよ　もー
ここは全部屋キッチン付きでシェフが部屋で作ってくれるんだって？
今回お留守番
てへ
というわけで頼めば執事もつけてくれる一見さんお断り系ホテルのトランプへチェックイン
世界中のトップモデルやスポーツ選手が多く、なぜか日本人で泊まったという人を私は聞いたことがない
コロンバス・サークルで場所も最高
ココ
Central Park
Broadway
M
Columbus Circle
マンハッタンにトランプのビルはいくつかある
トランプ・タワー　五番街
トランプ・ワールド　国連側
トランプ・パーク　セントラルパーク南
トランプ・プレイス　ハドソン川沿い
トランプ・パークアベニュー（工事中）
五番街の一部を除いてはみんなコンドミニアムです

ひーっ
ドカッ
Shit
そしてここのタワー（コンドミニアム）の方にはナオミ・キャンベルが住んでいてドアマンをけっとばして悪態をついているというウワサ
そんなところを見れたらオイシイな
へーこの金ピカのキーをささないと動かないんだ
エレベーター
さてお部屋に入るとまずはチョコとアイスティーを持ってきてくれた
もちろんプライベートで来てるのでここでは一番安い部屋です
毎晩持ってきてくれるよ
そしてナント驚いたことには私の名刺ができていた！これを配れば私もここの住人！
Trump International Hotel & Tower
One Central Park West
New York, NY 10023-7700
Mr. Y. Kobayashi
Tel: 212-299-1163
Fax: 212- 299-1503
Mr.になっているんですが…
（本名はKobayashi）
そして冷蔵庫にはトランプの顔入りのミネラルウォーター
Trump Ice
そこまでやるか
そしてジャン・ジョルジュのフォーマルダイニングではあの有名なエッグキャビアを食べて気絶
あまり感激したのでサービスディレクターに前にこの連載で描いたこのレストランの漫画を見せると
Is this Jean Georges?
すごく驚かれてシャンパンやマカロンを「コンプリメント」といって出してくれた
こういうことは私も普段しないし向こうも滅多にしないはず
シェフ本人も連れて来ちゃって大騒ぎに
Jean Georges Vongerichten
…
でもいまいちへんなカオしてたな…
FRaU
世界の有名シェフ
ヒーーッ
じゃあ次は〝トランプのおじさま〟（→ヒルトン姉妹の呼び方）にお会いさせて頂こうかしらなんつって
親戚づきあいらしい
フフフフフ

vol.21
デヴォンに会いたい!
DEVON AOKI
(取材)
仕事で会ってもつまらない
プライベートで会いたいの
fromゆつこ
世界のトップモデルになる以前からデヴォンの話は聞いていた
3年前
あの子はとても感受性が強いの
私のNYのお姉さん
去年ロッキーさんと結婚してデヴォンの義理の母になったK子さん
どういう風に?
ハー
活き造り用の水槽の前で
ちょっと涙
Sad……
さしみ
ずっとデヴォンのパパが会わせてくれると言っているのに
今月は撮影でマイアミだしLAへ引越ししたからもうデヴォンの部屋はうちにないよ
Sad…
ロッキー青木さん
私がマンガに描いたのは見てくれたようで
パパは私の電話番号を渡したらしい
Call her if you go to Tokyo.
セレブ列伝
FRaU
でもロッキーさんフツーそれでデヴォンが電話かけてくるとは思えないんスけど…

この間「ワイルドスピード×2」のプロモーションで来日した時のこと
ポール・ウォーカー
私がプレミア試写会に着いた時間には記者会見が始まってて彼女を目の前にして一言も話すことができず！ウウウ…！
もちろん
レッドカーペット
ロッキー宅
しかし、今回はデヴォンもNYに滞在中という
←ラッパー並み
キャー
でもねーゆっこちゃん知っての通りデヴォンは約束ができない子なのよ「パパ～1時に行くわ」と言って来るのは10時だから
2歳の頃のデヴォン
デヴォンは今週ずっとトランプ・インターナショナル・ホテルに泊まっているという
私もたまたま明日からトランプなんです
うんうん
じゃ今度こそ会えるわー
昼頃起きるから携帯に電話して今からロビーで会いましょうとか言って！急に会うしかないから
なるほど
そしてトランプにチェック・イン！
TRUMP INTERNATIONAL
Hi Devon This is Yutsuko I'm at the hotel now.
バッチリキメ込んで…
OH! Yutsuko!? I'm at the airport!
今空港？
てことはー
またしてもデヴォンに会えない私であった！一体いつ会えるんじゃー
I'm so disappointed.
ゆっこさんデヴォンちゃんに会えた？
ヘアメイク
ダーッ
ヒエエエエエ

vol.22 ニューヨークの高級デリ

Black OLIVES
PACU
ZABAR'S
アッパーウエストに老舗有名デリが集中している
ゼイバーズ
80st
シタレラ
74st
フェアウェイ
72st
Broadway
66st
バルドゥッチーズ
ゼイバーズはキッチン用品も扱う大きなデリで、数時間いても飽きないし、カフェでお茶もできる
ZABAR'S.
ここで私が好きなのはパン！80種類以上の世界中のパンを1日3回焼く
ZAGAT SURVEY
日本のパン屋でカニのハサミみたいなのでパンをお盆にのせて買うのは飽き飽きだぜ
あ
ポロ
ゼイバーズではシナモンの菓子パン（4ドル98）が有名
日持ちもしておみやげにも最適
あとはチーズとコーヒーの品揃えが超豊富だが
にがーっ
くさー
チーズとコーヒーを語れるようになるにはまだまだ修業が！
一生ムリ

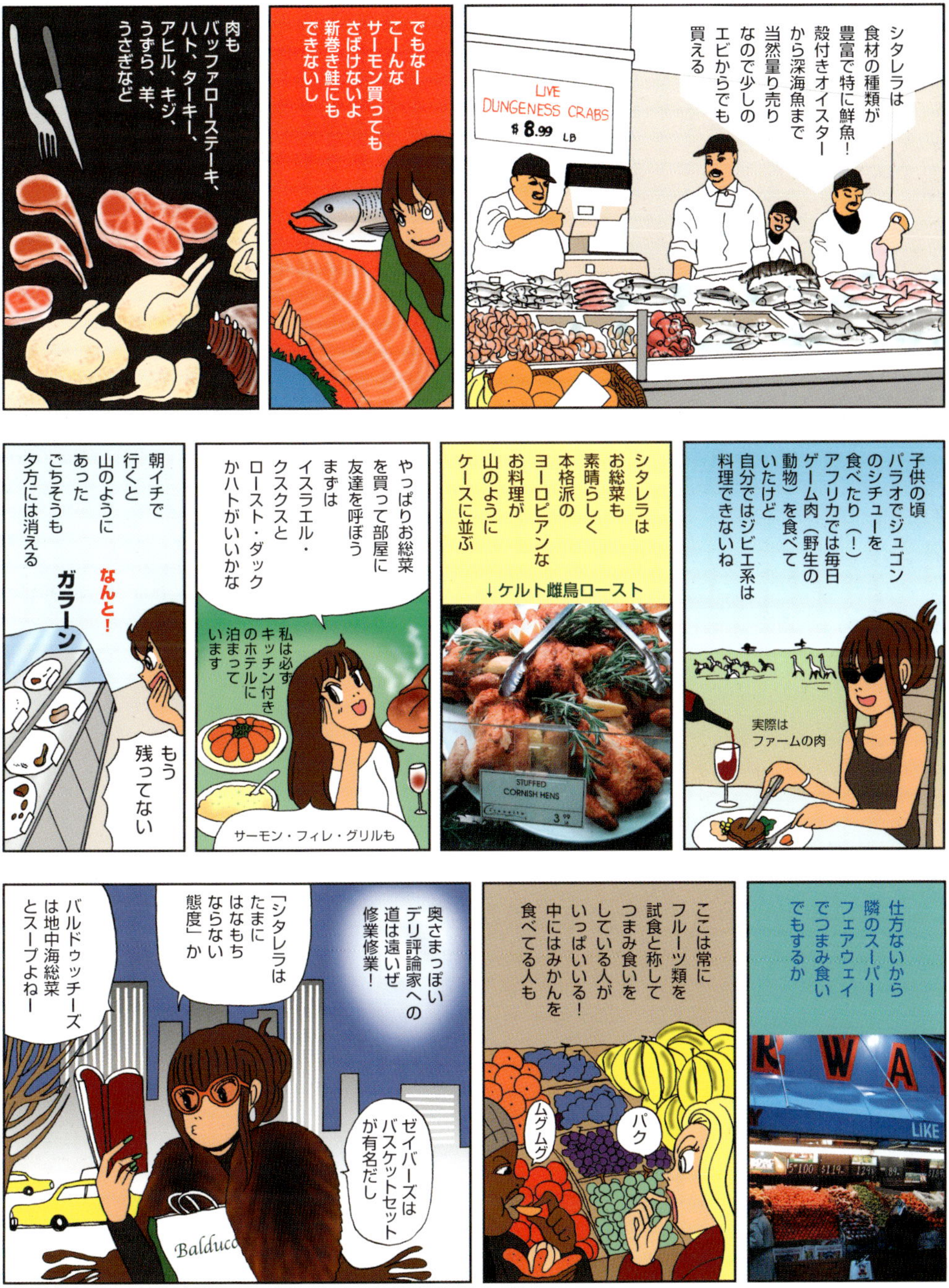
シタレラは食材の種類が豊富で特に鮮魚！殻付きオイスターから深海魚まで当然量り売りなのでエビからでも買える
LIVE DUNGENESS CRABS $8.99 LB
でもなーこーんなサーモン買ってもさばけないよ新巻き鮭にもできないし
肉もバッファローステーキ、ハト、ターキー、アヒル、キジ、うずら、羊、うさぎなど
子供の頃パラオでジュゴンのシチューを食べたり（！）アフリカでは毎日ゲーム肉（野生の動物）を食べていたけど自分ではジビエ系は料理できないね
実際はファームの肉
シタレラはお総菜も素晴らしく本格派のヨーロピアンなお料理が山のようにケースに並ぶ
↓ケルト雌鳥ロースト
STUFFED CORNISH HENS
やっぱりお総菜を買って部屋に友達を呼ぼう まずはイスラエル・クスクスとロースト・ダックかハトがいいかな
私は必ずキッチン付きのホテルに泊まっています
サーモン・フィレ・グリルも
朝イチで行くと山のようにあったごちそうも夕方には消える
なんと！
ガラーン
もう残ってない
仕方ないから隣のスーパーフェアウェイでつまみ食いでもするか
ここは常にフルーツ類を試食と称してつまみ食いをしている人がいっぱいいる！中にはみかんを食べてる人も
パク
ムグムグ
奥さまっぽいデリ評論家への道は遠いぜ修業修業！
「シタレラはたまにはなもちならない態度」か
ゼイバーズはバスケットセットが有名だし
バルドゥッチーズは地中海総菜とスープよねー
Balducc

NY EXIT
www.domani.co.jp/ny_eixt/
vol.23
マンハッタンでメイクアップ
スカイパーフェクTVのSo-netチャンネルで放映中のNY EXITは毎回多彩なゲストたち
NY EXIT
（活躍中のニューヨーカーたち）を紹介する番組。今回私は撮影に立ち会いついでに出演！
そして今回の出演者はNY生まれのメイクアップ・アーティスト
松崎貴志
東京育ちの彼はメゾンで修業後ダンサーなども経てクリスチャン・ディオールなどの専属を務めた後、現在はNYでフリーで活躍する
メイクアップ・アーティストとして成功する秘訣は？
司会 KENJI
キラリ
職業に関係なく感謝の気持ちを忘れないことです
できた人だのー！
それからもうひとつの秘訣はコレ！
マユ毛がキマってないと信用されません！
ビシッ
そして時には自分を美しくメイクアップ！カワユイわ〜
www.jadoretakashi.com/

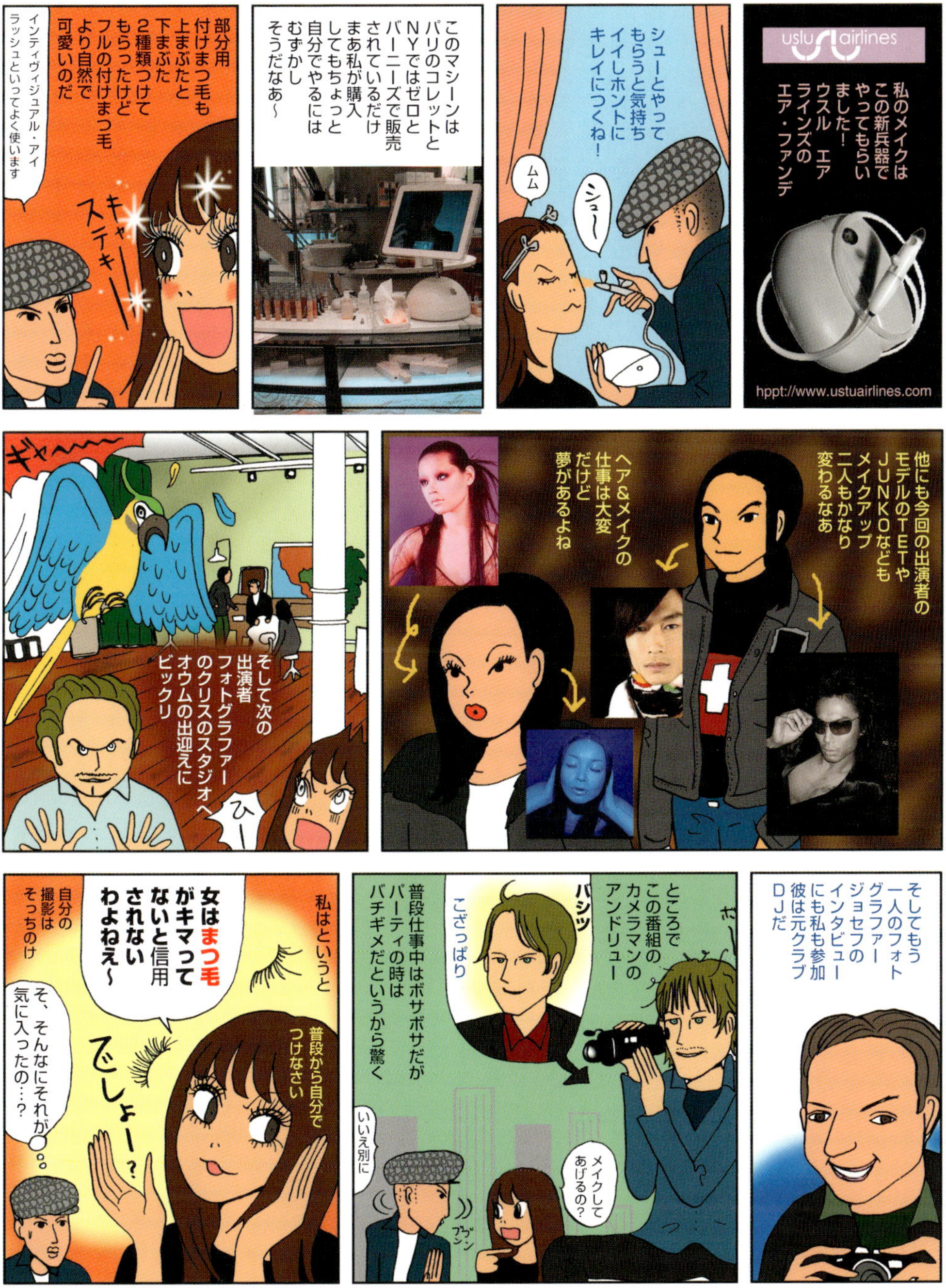
uslu airlines
私のメイクはこの新兵器でやってもらいました！ウスル エアラインズのエア・ファンデ
hppt://www.ustuairlines.com
シューとやってもらうと気持ちイイしホントにキレイにつくね！
ムム
シュ〜
このマシーンはパリのコレットとNYではゼロとバーニーズで販売されているだけ まあ私が購入してもちょっと自分でやるにはむずかしそうだなあ〜
部分用付けまつ毛も上まぶたと下まぶた2種類つけてもらったけどフルの付けまつ毛より自然で可愛いのだ
キャーステキー
インディヴィジュアル・アイラッシュといってよく使います
他にも今回の出演者のモデルのTETやJUNKOなどもメイクアップ二人もかなり変わるなあ
ヘア&メイクの仕事は大変だけど夢があるよね
ギャ〜〜
そして次の出演者フォトグラファーのクリスのスタジオへオウムの出迎えにビックリ
ひ〜
そしてもう一人のフォトグラファージョセフのインタビューにも私も参加 彼は元クラブDJだ
ところでこの番組のカメラマンのアンドリュー
バシッ
こざっぱり
普段仕事中はボサボサだがパーティの時はバチギメだというから驚く
メイクしてあげるの？
いいえ別に
ブン ブン
私はというと
女はまつ毛がキマってないと信用されないわよねえ〜
自分の撮影はそっちのけ
普段から自分でつけなさい
でしょー？
そ、そんなにそれが気に入ったの…？

vol.24
ステキなママ友デビュー
Debbie Spiro
デビーに初めて会ったのは共通の友人のバースデー・ディナー
ada
アッパーイーストのアダという高級インド料理レストラン
シタール
びろ〜ん
びろ〜ん
イーストビレッジのボロいインド料理店しか知らないからビックリ
なるほど…
そこで隣の席だったのが保険会社オーナー社長のマークその隣にはキレイな奥さんデビーがいた
奥さん感じイイ
お料理はインディアン・フュージョン
チョ〜〜ゴージャスなお宅！
子供の話などで盛り上がったので次の週、夫妻にディナーに招待され郊外のお宅に伺った
小さな兄弟のペリー（7歳）とネイサン（5歳）が4つ目の子供部屋になっている広〜い地下へも案内してくれた
キャーカワイイ（私の声）
35

Yutsuko is a cartoonist. She made many comic books!!!
エヘッ
ポリ ポリ
子供はみんな漫画好き
OH! really? mom!
アメリカの本屋ではどこも日本の漫画コーナーがあって雑誌や単行本がよく売れている漫画は日本がグローバルスタンダードだ
JUMP
Unfortunately, It's not that kind of book.
残念ながらゴメン！
オヤジ ギャル など
Oh we're disappointed.
『遊戯王』が大好きでいっぱいカードを持ってきて説明してくれた日本語は読めないけど「クール」だそうだ（笑）
真紅眼の黒竜
えっ？これを描いてほしい？
Complicated…（ふ…複雑…）
ひ〜
うわ〜へたくそだあゴメン！
うちの3歳の娘はアメリカのアニメが大好きで夢中になっているというのになあ
キャーッ！
デビーともゆっくり話して楽しい時間を過ごした
暖炉はあったかいの〜
ヘソチラパンツ
しかしこのお屋敷床面積1000平米以上はあるよね〜
これが正統派のアメリカで成功しているカップルだ
成功している友人は多くいても「正統派」にはあまり縁がない私だった
私のウェブサイトの日記にデビーのことを書いた
chusonji.com みんな見てね
それを教えたら「ふうん」と興味なさそうにしてたのに日本人の友人に会うと訊ねていたそうだデビーかわゆい！
Do you know What this mean?（ねえねえ何て書いてあるのかしら）
Look at this

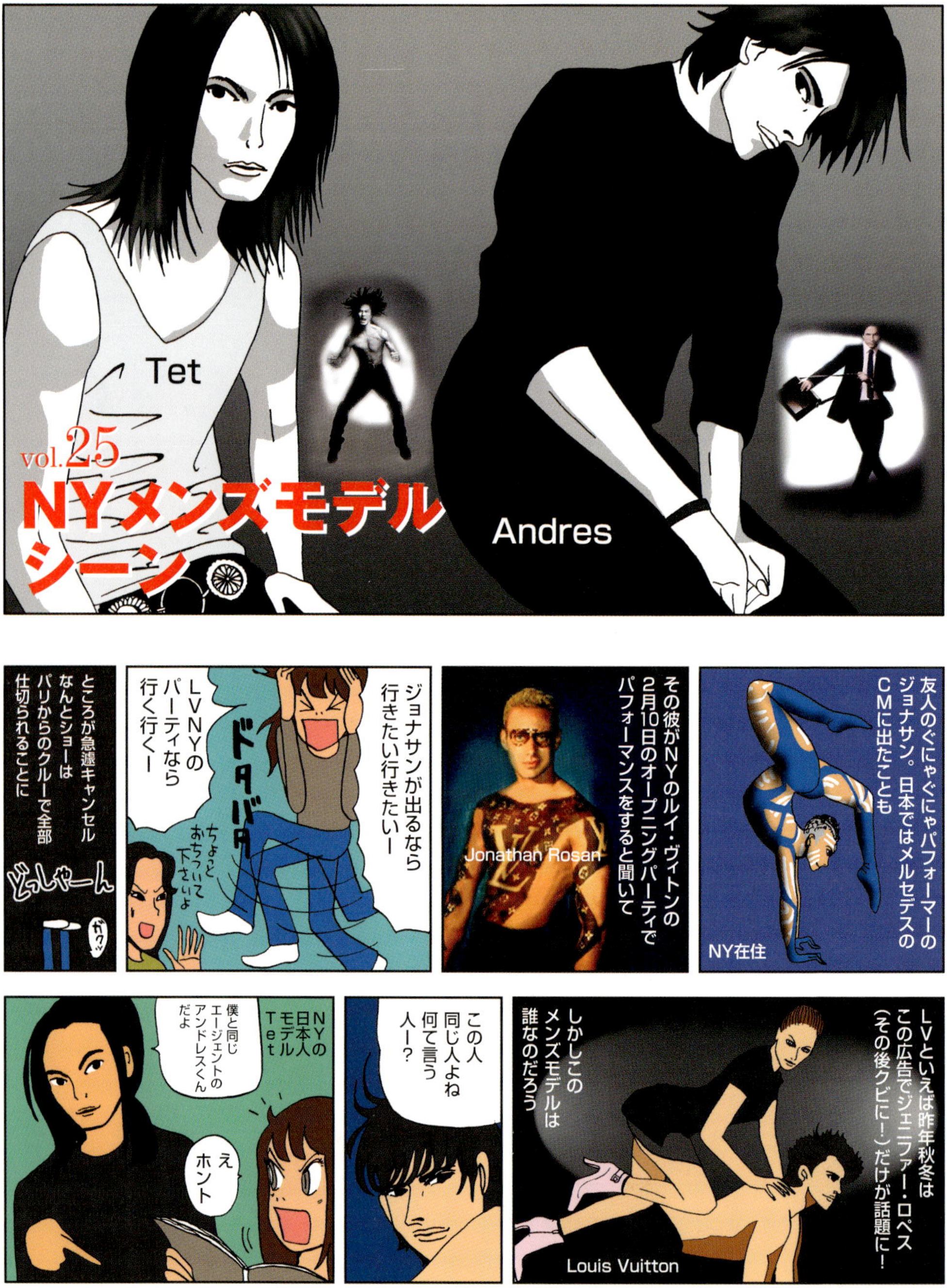

vol.25
NYメンズモデルシーン
Tet
Andres
友人のぐにゃぐにゃパフォーマーのジョナサン。日本ではメルセデスのCMに出たことも
NY在住
その彼がNYのルイ・ヴィトンの2月10日のオープニングパーティでパフォーマンスをすると聞いて
Jonathan Rosan
ジョナサンが出るなら行きたい行きたいー
ドタバタ
LVNYのパーティなら行く行くー
ちょっとおちついて下さいよ
ところが急遽キャンセルなんとショーはパリからのクルーで全部仕切られることに
どっしゃーん
ガクッ
LVといえば昨年秋冬はこの広告でジェニファー・ロペス(その後クビに!)だけが話題に!
しかしこのメンズモデルは誰なのだろう
Louis Vuitton
この人同じ人よね何て言う人ー?
NYの日本人モデルTet
僕と同じエージェントのアンドレスくんだよ
えホント

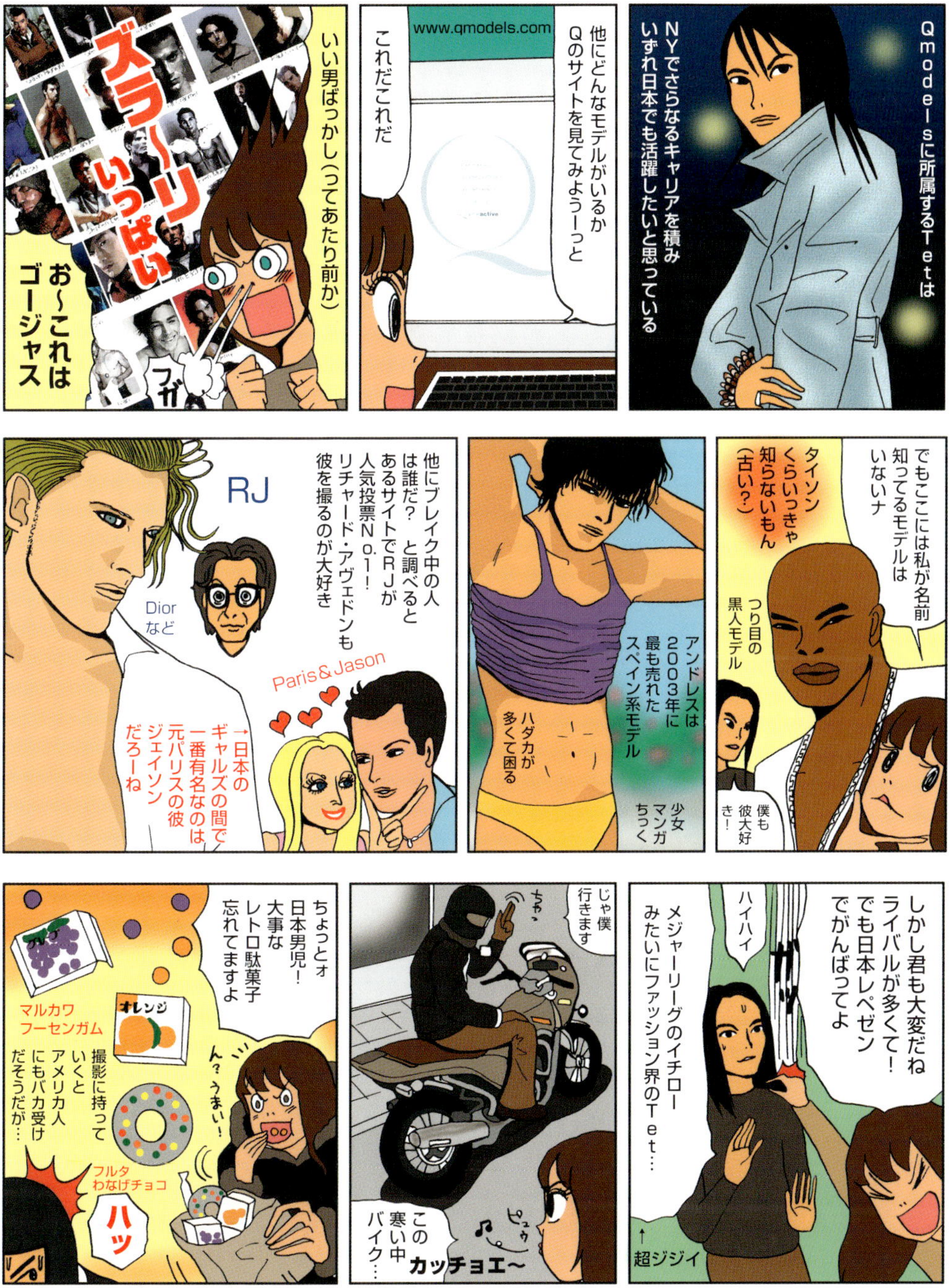
Qmodelsに所属するTetは
NYでさらなるキャリアを積み
いずれ日本でも活躍したいと思っている
www.qmodels.com
他にどんなモデルがいるか
Qのサイトを見てみようーっと
これだこれだ
いい男ばっかし(ってあたり前か)
ズラ〜リいっぱい
お〜これはゴージャス
フガ
でもここには私が名前知ってるモデルはいないナ
タイソンくらいっきゃ知らないもん(古い?)
つり目の黒人モデル
僕も彼大好き!
アンドレスは2003年に最も売れたスペイン系モデル
ハダカが多くて困る
少女マンガちっく
他にブレイク中の人は誰だ? と調べるとあるサイトでRJが人気投票No.1! リチャード・アヴェドンも彼を撮るのが大好き
RJ
Dior など
Paris&Jason
→日本のギャルズの間で一番有名なのは元パリスの彼ジェイソンだろーね
しかし君も大変だね ライバルが多くて! でも日本レペゼンでがんばってよ
ハイハイ
メジャーリーグのイチローみたいにファッション界のTet…
↑超ジジイ
じゃ僕行きます
ちゃ
この寒い中バイク…
ピュウ
カッチョエ〜
ちょっとォ日本男児! 大事なレトロ駄菓子忘れてますよ
ん? うまい!
オレンジ
マルカワフーセンガム
フルタわなげチョコ
撮影に持っていくとアメリカ人にもバカ受けだそうだが…
ハッ

vol.26 アッパークラス・マダムの週末郊外ライフ

Ms. Imssy Klebe
NYの近場の別荘地といえば
セレブの邸宅が並ぶ
サウス・ハンプトンを思いつく
P・ディディ親子が
ポロ観戦など
出っ歯
しかし今回はやはり人気の
キャッツキル方面へ
行ってみました
車で
2時間弱
よく「湖つきの
家」というのを
聞くけど
ロッキー・パパの
建築中の別荘も…
湖って
いくら?
ロッキー
青木さん
あー
ぼくんちの湖はネ
スリーピー・ホロウ・レイク
えっ? あの有名な
ゴシック・ホラー映画の
ジョニー・ディプさま
Sleepy Hollow
そうあの恐怖の
首切り物語の地
しかし
オランダ移民の
作った美しい
ヨーロピアンな
お屋敷が優雅に
建ち並ぶ
話を戻すと
家は湖ごと
買うという
のではなく
湖畔に建つ
家を買うという
意味だが
隣の家までは
かなり遠い
ダーッシュ!
ハーハー

ウッドストックに近いポーキプシーにあるクレーバ夫妻のセカンドハウスにも伺った
ここにも湖??
門から家まで遠すぎ!
奥様は普段はアッパーイーストに住むドイツ系上流マダム
だんな様はラジオ局オーナーだ
娘のクリスティーナは有名な舞台女優
社交界では母娘で有名人でぶっちぎりセレブだ
Kristina Klebe
キャ〜素敵
社交界かぁ…全くそーいう家に生まれてみたかったものだネ
300年前の賛美歌の楽譜がある家
ひょ〜
でかい!
クレーバ夫妻の家は200年前の石造りの建築だ
ハドソン川上流の林ごと家を買ったそうだ
だけど中は新築!リノベーションもお上品なカントリー調でさすがにセンスがよろしいですなあ
可愛い
だんな様の書斎へ行くと古い絵を数枚見せてくれてその1枚をプレゼントしてくれた
この絵はここの200年前の風景だってへーっ!
やたらもう百年単位!
そしてマダムが作ってくれたランチをみんなでごちそうに!
ぱく
ハーハー
マダムの犬
しかしこの明るいロケンロールなノリは…! さすがウッドストックの近くにお住まい!
まった来ってネーン! ユチュコ〜
ヒュ〜 ヒュ〜
エルメスのベルト
ワン ワン
ピュ〜
しゃ社交界は…?

vol.27
AOLのモールでショッピング
ここはニュー・ツインタワーだ!
WHOLE FOODS MARKET
WILLIAMS-SONOMA GRANDE CUISINE
一昨年の建設中から見ているAOL・タイム・ワーナー・センター
ホテルやモール、レストランコンドミニアムなどが入る
マンハッタン初のショッピングモール「コーチ」も入ってるよ
トランプ・インターナショナル・ホテル
ステイ先から徒歩2分! 毎日行くかも
AOL
59丁目
コロンバス・サークル
セントラルパーク
トランプに泊まっても34丁目の激安店にも平気で行く
……
あそ?
子供の服など
ゆっこさんコンウェイはヤバイ
友人
さてAOLですが
郊外のモールの超豪華版ってかんじ!
HE SHOPS COLUMBUS CIRCLE
ここにも巨大資本参入ですなー
六本木ヒルズみたい
地下はまるごと巨大スーパー
アメリカ主要都市にあるホールフーズマーケット!

なんか西海岸にいるみたいだナー
その場で買ったお総菜を食べるコーナーもあるし食材は何でも揃う
ホテルの部屋のオーブンで
鶏の丸焼き作ろうかな
WILLIAMS SONOMA
ハウスウエアのウィリアムズ・ソノマ
WHOLE FOODS
次はお鍋を買いに行くか
でた！憧れの純銅製高級鍋（フランス製）
Mauviel Copper
Riveted brass handles
Domed copper lids
Oven safe, hand wash
Made in France
Lifetime guarantee
これでお料理するのがアメリカ中の奥さんの夢のはず！
しかしここのキッチン用品やテーブルクロスなどのディスプレイも相当おしゃれで見てるだけで飽きない
フランス製の日本イメージのセット
Aplico Zen Collection
入り口の正面には寿司造りセットが売られている電気釜からレシピ本まで全て揃っているアメリカ人は寿司好きだからね〜
手まり寿司などを作っておもてなしでもしたら大ウケ大モテ間違いなし！
3階のレストラン・フロアにはナント「ジャン・ジョルジュステーキ・ハウス」があるよー
BSEは気にしない
Jean Georges
ジャンはアメリカ人になっちまったんだ!?
しかし3月中旬オープンとのことで諦めていつものトランプのジャン・ジョルジュへ
美味しっ！
桜
昼のカジュアル
しかしAOLを売却したテッド・ターナーさんって
自宅の庭にバッファローの大群を飼ってるんだってねオーマイガー！
ゴーッ
私は5月にこのおじさまにお会いする予定なの！ ウフ

American Girl Place
vol.28
5番街の新名所
五番街で買い物をしていてバナリパあたりで気がついたのだが
大道コースで次はサックスへ…ん？
この辺やたら子供（女）が多いなー
しかも全員同じ袋を持っている！何かの宗教…？
American Girl Place
49丁目
と思って子供の後をついていくと
アメリカン・ガール・プレイスというお人形ビルを発見！
NYの新名所だ
American Girl Place
わーっこれはホントにアメリカン！
1号店はシカゴでここは2号店
記念撮影〜！
ウフッ
自分にそっくりな目、肌、髪の色の人形を選ぶのね（各84ドル）
4階建てのビルの中は、人形や洋服、グッズだけでなく人形用の病院、ヘアサロン、人間&人形用のブティック、カフェ、シアターなどがある
ネイティブアメリカンも
専用のヤギ
赤ちゃんも
猫
アジア人の顔は…髪の毛以外はうちの娘に結構似ているかも…
つり目
ペチャ鼻
剛毛多毛

そこで人形のペットの犬を発見 何とゴールデンリトリバーで名前はサンディ 何という偶然！ 私の犬と全く同じ！
SANDY THE DOG
バンダナつき
18ドル
しかし私のサンディは今回私がNYに来るつい1週間前に亡くなったのです（14歳で長寿を全う）
2004年2月10日
友人にぬいぐるみのことを言うと「サンディはNYでゆつこさんのこと待ってたんだね」なんて言うから（ホロリ…）
セントラルパーク
NYでも暮らした犬
私はそのぬいぐるみをフクザツな思いで買って帰った…
箱入り
VUITTON
今回は短期で来ているのでスケジュールはちょっとタイト オープンしたてのブランド店の中へは入らず
FAO シュワルツは閉店中（2004年夏にリニューアル・オープン）
えっショック！ 色々子供に頼まれているのに
FAO
大きなおもちゃ屋
五番街ショッピングもこの順でチェックしておわり
私が常に行くところはこんな感じ
シュワルツ
バーグドーフ
ヴィトン
シャネル
フェンディ
ディズニーストア
グッチ
もちろんとばすブランド店も多い
H&M
バナリパ
サックス
アメリカン・ガールズ・プレイス
別に普通です
そして五番街をグググ～と30ブロックほど上がると
歩いては無理
86丁目にノイ・ギャラリーという小さな美術館がある
NEUE GALER
1048 FIFTH AVE
ここには超穴場のヴィエナ・スタイルのミュージアム・カフェがあってとってもヨーロピアン！ ケーキが美味しい
そしてオットー・ディックス エゴン・シーレ クリムトなど じっくり拝みたいものだ
さあ4時半だ タクシーが拾えなくなる前にダーッシュ
TAXI–!!
マンハッタンは17:00～18:30までタクシーは相当拾いにくいよ
最近NYに御無沙汰の人にもわかりやすくどんどん変わるマンハッタン・ショッピング事情をお届けしました！

vol.29 麗しの黒人メンズモデル

最近はサッカー選手などをモデルに使うのがハヤリらしい
アーセナルのフレディ・リュングベリ
その方がセレブ感は強い
Calv
Freddie Ljungberg
でもフッーはスポーツ選手にハイ・ファッションはキビシイ〜
日本でいえば松井（ゴジラの方）がもしモデルをやったらどーなる?
Dior
以前のNYメンズモデル特集ではスペイン系、日本人、白人の売れっ子を書きましたが
Tet
RJ
Andres
少女漫画ちっく
黒人モデルはどうなっているのでしょう
タイリースはマルチな活躍すぎるので除く
TYRESE
俳優やミュージシャンでもある
私の調査によるとモード界ではサンディというモデルが人気らしいが…
Sandy
Gucci、YSL、Helmut Langなど
本当にシビレるカッチョイイ黒人はサハラ砂漠にいるのだ
「シェルタリング・スカイ」風ブラック・ノマド

そんな事を考えていたら ある日友人に ジャメルを紹介された
Jamell
彼もパリとNYで売れっ子のモデル
こんな挨拶も優雅で自然に
なんてエレガントな
CHU
なんか私トクしたなあ
キャ～
こっちゃー大昔からヒップホップの柄悪い黒人しか知らないからビックリ
ブルックリンの知りあいはずっとみんなこんな
Yo～Ma～n Mother fuXXer
ジャメルのブックにこんな写真があった
アフリカで撮影
この人にNYでマサイの格好をさせた～い
パリ帰りのNY超美形マサイ
そんなことを都会の洗練されたモデルに言えないなと思いつつ私のマサイの絵を見せたら
It's me! ボクだネ
にっこし
ほんとに？？
じゃ漫画でマサイの格好させていいんだねジャメルくん！
こんなオシャレな人に？
次の日 彼の友人のリチャード（73歳）を紹介された
年齢差50歳
Nice to see you
このじいさんは…？
ファッション界の大御所かと思いきや小説家で億万長者だという
この年で夜中クラブで遊ぶ
小説たった5冊書いてビリオネアとはもしやこのじいさん超有名人だったりして？
inheritance たんなる遺産で
シャンパン
ジーパン
この二人は親から素晴らしいものをもらったという共通点のある親友同士だ（それは遺産と美貌！）

vol.30
NY最新クラブ情報
NYのクラブシーンは80年代のガラージ全盛期がスゴかったのだ!
DJもフランキー・ナックルズやジュニア・バスケスなど大御所たちだ
Larry Levan(故人)
伝説のクラブ「マーズ」へはよく通った
床が揺れて抜けそ〜!
ギシギシ
ミートマーケットにあって倉庫がクラブになったハシリだね有名人も多く見かけた
今は「クローバー」など豪華な大箱があるけど週末はニューヨーカーでなくニュージャージャーでいっぱいに
crobar
他には「ジエロ」ここは音響にも相当なこだわりがあって造りも凝っているしクラウドもおしゃれ
ラウンジ系やハウス系の他にヒップホップ系だと火曜日のジョーズ・パブ水曜日のクラブNV日曜日のロータスなど
●注意事項●
音楽の好みを第一に考えて選びましょうってあたり前か
NY在住のDJ&プロデューサーの富家哲君はハウスの第一人者!
彼の回す日にも行きたいけどいつも世界中まわってるから今どこにいるかわかんないよ
Satoshi Tomiie
昔は御近所付きあい

東京でもNYでもナイト・クラビングは深夜0時を過ぎてからだから
今日のパーティは…
早い時間はまず友人とバーに行ってくっちゃべる
あっちがP・ディディなどセレブも来るハドソンホテルのバーよ
ある週末は友人（ミス・ディオール）のお誕生日会が「パーク・バー」でありました
Ms.Dior's Birthday Pary.
@Park Bar 8:30pm.
バースデー・ガール（♂）はマニッシュなスーツでバチギメ！
ワンダホー！
その後「59キャナル・ストリート」というクラブへ月イチでカルロスがパーティ・スポンサーをしている
PUTA
業界有名人
ここは小さいけど超盛り上がるよ～！チャイナタウンの側なので中国人も多いこれはこれですごくNYらしい
そしてアヴェニューBにあるモロッコ風クラブ「ル・スーク」も良い
ここはモロッコ・パイプ（フッカー）が吸えるゾ
これをふかせば気分はマラケシュくらいまでは行けるハズ
イヤ～モロッコは最高です旅の総合点が一番高い国として私は推奨いたします！
余談ですが…
さてシメは老舗「ウエブスター・ホール」
リル・キムも現れる
ここはボロいながらもイベントが盛りだくさんでがんばっているぜ！次の日は深夜、友人のファッション・ショーを見に！
2階席から
ピュー
NYの夜はまだまだ更けていくのであった！

vol.31
スーパースター JAY-Zに遭遇

ROC-A-FELLA RECORDS
音楽ジャーナリストの伊藤弥住子（ヤスコ）さんとイタリアン「ドン・ジョバンニ」で食事
すごい写真がいっぱい
彼女はNY在住歴20年で高校生の息子を持つヒップホップ・ジャーナリストの第一人者だ
近著『NYヒップホップ・ドリーム』（シンコー・ミュージック）
NYヒップホップ・ドリーム
まだ早いからJAY-Z（ジェイジー）のバーでも行ってみる？
行く！
ヤスコさんといると大物からあいさつしてくるからなー
（故人）
あらビギー
YASUKO!
げ〜
今日も有名ラッパーに会えるかもと期待しつつJAY-Zの経営する「40/40」（フォーティ・フォーティ）へ
NBAの試合
大変オシャレなスポーツ・バー
うわすげェ豪華でカッチョイイ…何コレ…
Hi! What's up!
え？本人？
ゆっこさーん JAY-Zよ

JAY-Zは言わずと知れたヒップホップ界のスーパースター
ラッパーとしてだけではなく実業家としても大成功をおさめるキングである
大物すぎて取材をあまり受けないことで有名なので
色々聞きたいことあるよ~ん
マジ引退？ロッカフェラは？結婚は？
でもそれをぐっとおさえ大人の会話にもってく
とってもステキなバーねJAY-Z♡
サンキュー自分でも気に入ってるんだ
私マンガ家なのあなたの似顔絵描いたことあるわよ
でもマンガ家っつーの何かカッチョワリーよな
Jigga My Nigga
俺をマンガに？うれしいね
ヤスコさん写真とって
すぐこーなる
はやくはやくー
……
デジカメで2枚撮った後彼は子分達と帰ったよ
カシャー
バーの奥にはVIPルームがいくつかあってホームボーイ達がチル・アウト
元・ハスラー（ヤクの売人）にして
トレンドの嗅覚とビジネス・センスで頂点まで成り上がった天才ラッパー！
高級シガー
クリスタル
BEYONCÉ
ビヨンセと結婚も間近か？
私も色々有名ラッパーに会ってきてるけど今回ばかりは
ま・ね
ズズ
えっJAY-Zと普通にしゃべった？
業界人にも驚かれたよ
ヒー
原稿書いてよ
写真を2枚も？
「bmr」編集長

vol.32
セントラルパークへ行こう!
NYに来たらまず朝っぱらからセントラルパークへ!
チョロチョロ
住んでいた頃毎日犬の散歩に行きたくてミッドタウンからアッパーウエストへ引っ越した
今は亡き愛犬
当時…
87丁目コロンバスなんです
ずいぶん上ねキケンじゃなくて?
大げさだなァ~ブロンクスじゃないんだから
デヴィ夫人
危険といえばある意味大自然はこわい…それほどセントラルパークは
広大で、森へ入りこんでしまうと遭難の恐れもあるのだ!
→しかしこの滝はなんと人工
95丁目あたりをウロついていたら
The dog protects you!
犬が用心棒だね!
と言われた
変態も出没するしね
シャー
確かにただの"野生"のエリアも
ウオオ~~ン

先日こんな
セントラルパーク本を
見つけて買った
150年の歴史の
アメリカの大傑作！
Central Park, An American Masterpiece
Central Park,
An American
Masterpiece
芸術作品としてのセントラルパーク、四季折々の
美しさや歴史がわかる本だ
Alexander Hamilton
とにかく岩山まるまるひとつ公園なんだもんね！
ランドスケープの素晴らしさだけではなく実用面もスゴイ公園よ
美術館やレストランの他に色々楽しめる
子供の喜ぶスポット
Zoo内の
児童公園
回転木馬
それから各所にあるスタチュー（彫刻）を見て歩くのも通っぽい楽しみ方だ
アンデルセン
ハチ公
ではない
キューバ人
ヒーロー
なんとお城まであって中世ヨーロッパ気分
ベルベトー城
夏にむけて天気のいい日は芝生でみんなサンバーン！
昔はラクダや羊が
いたエリア
ヴァケーションにいけない人＆行く前に軽く焼いとく人と様々
カリブ
いきてー
ヒャッホー
しかし初夏はよその犬の水泳につきあって自分もレイクで泳いじまいたいもんですぜ！
Bethesda
Fountain
ワウ
ワウ
バシャ
バシャ

vol.33
初のアトランタ訪問
過去2度も燃えたという記念館
マーガレット・ミッチェル（文豪）気取りになれる！
大作
GONE WITH THE WIND
6月8日にG8サミットがジョージア州で行われる
USA
今年は日米和親条約締結150周年記念！
その前に日米相互理解促進のための講師として私は外務省から派遣されることに
日本文化や漫画日本人から見たアメリカ文化についてね
US JAPAN 150 YEARS
依頼状
ジョージア州はアトランタへ！アトランタといえばオリンピックと「風と共に去りぬ」！
ギュー
個人的には好きなHIP・HOPアーティストの街！
アウトキャスト
アンドレ3000
リュダクリス TLC アッシャー他
East Side boy
ボクもいるぞー
エルトン・ジョン
リル・ジョン
この度は総領事公邸に泊めていただくことに
バックヘッドという高級住宅街にある
大使（総領事）公邸には日本でも海外でもパーティでは時々お招きを受けるが正式なゲストとして泊めていただくのは初めて
アトランタ総領事
Mr.&Ms. HISAEDA
執事 カルロス

新ニューヨークネイバーズ番外編
Atlanta Neighbors

vol.34
ジョージア州立大学で講演！
Japanese Cartoonist
to Speak in Atlanta
Yutsuko Chusonji
Cartoonist
America
America
いよいよアトランタのジョージア州立大学での講演の日となった！
GEORGIA STATE
外務省主催
大学ロビーには私の今までの作品（商業用ポスター）30枚ほど展示
約250人が集まってくれた
片道3時間かけて来てくれた人も！
ガヤガヤ
英語での講演は初めてだったけどちゃんとできました〜！
Thank you for inviting me to Atlanta. I've never had a lecture in English before.
But I do the best !
このibookでマンガを見せる↑
私の講演は一部コンピューターを使ってスクリーンにイラストや写真を映しながら話をする
今回は日本のマンガ文化&女性についてなどだが
ゲイシャ
お茶くみ
大ウケ
日本女性を未だ誤解してる外国人もいます
アミダラ
オヤジギャルの発生した日本の社会的背景とともに説明する
ナイショー
それにはまず“オヤジ”の説明をしなくてはならない
They are typical OYAJI.

もちろん一応受講者は大学生なのでアカデミックな事も言います
そして今オヤジギャルは日本のスタンダードカルチャーです
OK!
やきとり喰う〜〜〜?
くい〜
ドッ
こんなことでウケてどうする
欧米の方にはヤキトリはタレより塩味をオススメします
ちょうど冷戦終結の時期とオヤジとギャルのボーダーがなくなったのは重なります
マンガは日本がグローバルスタンダードなので日本でヒットすれば直接世界というこことになります
OTAKUが世界で人気がありますがネットで検索したら60万ヒットもありました日本語では30万なのに
「週刊現代」の連載
「この人でキマリ!」より
細木数子
あんた この二年半 やってること 全部裏目に 出てるよ
自分で最悪の状況を作ってるの
!
でもね だいじょうぶ
にっこり
秋になれば他の人が大統領やってくれるから
あとはマンガを見せて大ウケだったのがアメリカ人向けの二重オチの説明
ずっこけた足がカウボーイブーツ!!
He is wearing western boots.
質疑応答が一番盛り上がった
Is your husband an OYAJI?
あなたの旦那さんはオヤジですか?
HAHAHAHA
Not yet,...but unfortunately
残念ながら!
He's gonna be an OYAJI in the future.
将来はオヤジ
Does anyone imitate your cartoon?
誰かにマンガを真似されますか
HAHAHA
Nobody imitates.
誰も真似しないよ!
I'm disappointed.
がっくりよ
After you graduated from university why did you decide to be a cartoonist?
どうしてマンガ家になろうと思ったんですか?
ドッ
Because I didn't have a job.
仕事がなかったから
よー言うよ〜 でもホント
というのは冗談でもし会社を設立しようとしたらお金が必要ですがマンガ家は紙とペンだけ(10ドルくらい)でなれますあなたもいかが?
I've never worked at the office before.
しかしアメリカの若者はマンガが好きですね
ポリポリ
日本からマンガ家がアメリカに来てわかりやすく絵を見せながら話すというのはやっぱりよかったみたい
OTAKU
私がみなさんの好きな少年JUMPやOTAKUのマンガ家でなくて残念ですか?私も儲からなくて残念です
HAHA
↑このスタンスが大学生には面白いらしい
ワ〜
終わると学生達に囲まれた!
ゲッ!日本の大学ではこんなになんないよ〜
キャ〜
なんか16年間マンガ家やっててよかったな!
あと英語もね!

vol.35
平和の使者・カーター元大統領
Jimmy Carter Library and Museum
フラウの漫画をプレゼント
Rosalynn Carter
今回のアトランタ訪問ではなんとカーター元大統領にお会いできることになった
キャー!
どうしよう—!
政治学科だった私としてはアメリカの元大統領とお話できるなんて身に余る光栄
冷戦
国際政治
中東問題
ジミー・カーターは大統領引退後に「平和の使者」としての活動で2002年ノーベル平和賞受賞!
引退後はレーガン&ブッシュ政権の逆をいく平和主義の「予防外交」を行っている
リベリアキューバ
THE NOBEL PEACE PRIZE
中尊寺さんの事は元大統領に説明してありますからアフリカのお話をされるといいですよ
アトランタ総領事久枝さん
AFRICA
ハー
水の中のミジンコも飲んでしまうため寄生虫に感染する
そうなのですカーターさんは非政府個人でメジナ虫感染症の研究と救済を行っていておかげで感染者は激減している

難しいとされる面会のアポをとっていただきカーター・センターを訪問
ここは平和の研究機関で大統領時代の資料展示などミュージアムにもなっている
アンディ・ウォーホル作のカーターの肖像画も
77年の大統領就任パレードの等身大写真も展示
センター内には当時のオーバル・ルームが再現してあった
これはすごい
アフガニスタン&中東問題
そしていよいよセンター内の元大統領のオフィスで謁見！
はじめましてお目にかかれて光栄です
ようこそ
外交官の方々も
まずカーターさんにジョージア州立大学講演のことなどを聞かれたそして以前書いたフラウの漫画のカーターさんの一コマを英訳したものをプレゼントすると喜んで下さり…
Cartoons are an effective means of communication in African countries where infectious disease is prevalent since the literacy rate is low there.
感染症が蔓延するアフリカの地域は識字率が低いので、漫画は有力なコミュニケーションの媒体になりますね
わかりました私アフリカで漫画家になります～！
?
カリカリ
カリ
アシスタント
ゴルバチョフが冷戦を終結させても世界は危険な場所が多くなっている
うむうむ、おっしゃる通り！
我々は平和のために共に働こうではないか
やりますやります働きます！
「ノーベル平和賞受賞記念スピーチ集」をいただいた（サイン入り）
Best wishes to Yutsuko Chusonji - Jimmy Carter
THE NOBEL PEACE PRIZE LECTURE JIMMY CARTER
田中さん
私もカーターさんにお会いできて感激でした
感動する私に
大学時代の悪友は…
へーえ！ 元大統領に会ったってェ～？誰が今日のゆつこを想像し得たでしょうか！
ほっとけ…！
そりゃあビックリだ
首藤先生も驚くよ
だいたいゆつこは授業来なかったじゃん来ても寝てたし
H代
M子

vol.36
大富豪
テッド・ターナー
CNN
Turner
Ted&Yutsuko
総領事公邸で午餐会（公式昼食会）があり、続々とゲストが到着
バタン
CNNの創始者で大富豪のテッド・ターナーと最近の彼のパートナーレベッカが一番乗りだった
Ted Turner
CNN
初めましてずっとお会いしたいと思っていました
やあ、こんにちは君は漫画家だってね
実物は素敵！ジェーン・フォンダの元夫でもあるんだ
「デブラ・ウィンガーを探して」も面白かった
昨日はモンタナリルへ行きましたよバイソン・バーガーとっても美味しかったです！
ターナー氏の経営するステーキ店はチェック済みさ！
チェーン展開をするこのミート・ビジネスはランチ（牧場）も経営するという力の入れようだけあり、とってもデリシャス
バイソンの剥製に感激
でかい
ギャ～～
私は日米親善午餐会のスピーチをした後前にフラウで描いた漫画を英訳&額装（外務省作成）して本人にプレゼント
「私はこのおじさまにお会いする予定なの」と予告している

郵便はがき

料金受取人払

小石川局承認

1148

差出有効期間
平成18年8月
31日まで

112-8731

東京都文京区音羽二丁目
十二番二十一号

講談社　生活文化局

「単行本係」行

愛読者カード

今後の出版企画の参考にいたしたく存じます。ご記入のうえご投函くださいますようお願いいたします(平成18年8月31日までは切手不要です)。

ご住所　〒□□□-□□□□

お名前
(ふりがな)

生年月日(西暦)

電話番号

性別　1男性　2女性

メールアドレス

今後、講談社から各種ご案内やアンケートのお願いをお送りしてもよろしいでしょうか。ご承諾いただける方は、下の□の中に○をご記入ください。

□ 講談社からの案内を受け取ることを承諾します

本のタイトルを
お書きください

a　**本書をどこでお知りになりましたか。**

1 新聞広告（朝、読、毎、日経、産経、他）　2 書店で実物を見て
3 雑誌（雑誌名　　　　　　　　　　）　4 人にすすめられて
5 DM　6 その他（　　　　　　　　　　）

b　**ほぼ毎号読んでいる雑誌をお教えください。いくつでも。**

c　**ほぼ毎日読んでいる新聞をお教えください。いくつでも。**

1 朝日　2 読売　3 毎日　4 日経　5 産経
6 その他（新聞名　　　　　　　　　　）

d　**値段について。**

1 適当だ　2 高い　3 安い　4 希望定価（　　　　円くらい）

e　**最近お読みになった本をお教えください。**

f　**この本についてお気づきの点、ご感想などをお教えください。**

郵便はがき

料金受取人払

小石川局承認

1148

差出有効期間
平成18年8月
31日まで

112-8731

東京都文京区音羽二丁目
十二番二十一号

講談社 生活文化局

「単行本係」行

愛読者カード

今後の出版企画の参考にいたしたく存じます。ご記入のうえご投函くださいますようお願いいたします(平成18年8月31日までは切手不要です)。

ご住所 〒□□□-□□□□

お名前
(ふりがな)

生年月日(西暦)

電話番号

性別 1男性 2女性

メールアドレス

今後、講談社から各種ご案内やアンケートのお願いをお送りしてもよろしいでしょうか。ご承諾いただける方は、下の□の中に○をご記入ください。

□ 講談社からの案内を受け取ることを承諾します

本のタイトルを
お書きください

a　**本書をどこでお知りになりましたか。**

1 新聞広告（朝、読、毎、日経、産経、他）　2 書店で実物を見て
3 雑誌(雑誌名　　　　　　　　　　　　)　4 人にすすめられて
5 DM　6 その他(　　　　　　　　　　　　　　　　　　　)

b　**ほぼ毎号読んでいる雑誌をお教えください。いくつでも。**

c　**ほぼ毎日読んでいる新聞をお教えください。いくつでも。**

1 朝日　2 読売　3 毎日　4 日経　5 産経
6 その他(新聞名　　　　　　　　　　　　　　　　　　　)

d　**値段について。**

1 適当だ　2 高い　3 安い　4 希望定価(　　　　　　　　円くらい)

e　**最近お読みになった本をお教えください。**

f　**この本についてお気づきの点、ご感想などをお教えください。**

さすがアメリカで超有名な億万長者だけあってハリウッドスターのように華がある
この家が売りに出された30年前欲しかったが私には金がなかった
そしたら日本政府が買ってしまったのだ今でも残念に思うよ
ハハハ
HAHA
HAHAHA
他に招待されたゲストは前知事やCNNアンカー・ウーマンのサチ・コトさん、ドット・コム長者夫妻など
セレブの写真がいっぱい
公邸にはジェーンの写真ばっかりだなあ！ 僕のはないのォ？
え？1枚だけあるってェェ？どこどこ
こんな素敵なダイニングで午餐会！
メニューは日本人シェフが寿司コーナーでにぎってくれる寿司や金粉入りの鯛のお椀など素晴らしいお料理が並んだ
テッド、スシはどうです？江戸前を取り寄せたのですよ
ホントに美味しいワ
サイコーだね 今日はスシだっていうから来たんだよ！ジョージ！
総領事
少し若い頃
ターナー氏は慈善事業（動物＆自然保護など環境問題から第三世界の孤児援助）に熱心なことでも有名で最近は国連に10億円を寄付した。これぞセレブ中のセレブ！
Turner Foundation Inc.
ターナーさんがバッファロー（バイソン）の大群を庭に飼っているという噂はレストラン・ビジネスの事だったのですね
最初は裏庭に3頭だけいたんだよ
本当はあのアメリカのホームラン王ハンク・アーロンさんも本日の主役セレブのはずだったが身内に不幸があってドタキャン
王監督とは親友
GIANTS
Braves
ゆつこさんのそのお席は皇后陛下も座られたお席ですのよオホホ
ドタキャッ
これはドタキャッそんな〜もったいない
総領事夫人

vol.37
ドット・コム長者に招かれる！
To meet Ms. Yutsuka Chusonji
Mrs. Jeffrey Todd Arnold
requests the pleasure
of your company
at a Tea
Wednesday, the twelfth of May
from four until six o'clock
Blackland Road
門から遠い！
(注)徒歩では行けません
公邸のお隣のアーノルド邸
噂に聞くドット・コム長者だ！
奥様のメグから
どうぞ
もち全身シャネル
私はハイ・ティーの御招待を受け御近所のハイソサエティマダムたちと午後を過ごすことに
南部の超上流階級ということであまりの優雅さにただ感激
御主人のジェフは24歳で医療関係の会社を始め4年後に30億円で売却それを元にWebMDを始め
ITバブル崩壊まで大成功を収めて売却今はコンベックス・グループのCEOで33歳にして年収数十億の超大金持ちである
WebMD

ジェフはソフト・ドリンクのフタの中にミニCDを入れ込むアイディアを持った会社を買い取ってこれも当たったのだ
今 みんなCD買わないからネ
LidRock
彼は記念に私の漫画でミニCDを作ってくれた！
フタ入り
え～ うれしい
chusonji comix
庭園やお部屋を見せていただいたが敷地は1万坪！
これプールハウス？
サウジのファイサル王子から買い取って2年半かけてリノベーションしたというお城である！
プールは海水
ヨーロッパのアンティークが好きなメグの趣味で広大なお屋敷は莫大な数の調度品で埋め尽くされている
メグのシャンデリアコレクション
一体何十個パリで選んできたの？
わからないわ 部屋の数だけ…
これらはほんの一部
そして可愛いお子様が3人
今日のお食事は料理人が作るエダマメとフレンチフライとチキンでした
お子様のおもちゃ部屋は私のうち（180平米）より広かったのでショックを受けた
子供部屋はすごいのが3つずつあったし
スパイダーマンがあるウチって…
あっ！
帰りがけガレージを見ると私と色違いの車が！
ベンツCクラス
親近感！
メグったらこんな車乗るんだ…
帰って総領事に話すと
それは使用人の車ですよ
あっそ…オチは予想してましたー
ツツーー…
メグにもらった梨

vol.387
コレができればあなたもセレブ!?
こう?
そうじゃないです もう ちょっと…
まだですねぇ
ただ今、会場も本人も準備中～
The Officers and Directors of
The Japan-America Society of Georgia
request the pleasure of your company
on the occasion of
The Twenty-fourth Anniversary of The Society
at the
Annual Dinner and Silent Auction
to benefit The Society's Educational, Business and Cultural Programs
featuring special guest, Ms. Yutsuko Chusonji
Friday, May 14, 2004
Reception and Auction – 6:30 o'clock
Dinner and Entertainment – 7:30 o'clock
Piedmont Driving Club
Ballroom
1215 Piedmont Avenue, N.E.
Atlanta, Georgia
Kindly reply by Monday, May 10th
R.S.V.P. Card Enclosed
Black Tie suggested
ジョージア日米協会の晩餐会でも講演を頼まれました
会場はピードモント・ドライビング・クラブ
The Japan-America Society of Georgia
24th Annual Dinner & Silent Auction
May 14, 2004
Piedmont Driving Club
US JAPAN 150 YEARS
え～ こんな豪華な所で私が講演してよろしいんですか?
ここはアトランタの名士たちが集まる会員制の由緒正しきクラブです
総領事
サイレント・オークションもあって色々な品物が並んだ
私もポスターや著書を出品しました
そろそろゲストがたくさん見えますよ ゆっこさん本日の基調演説(キーノート・スピーチ)頑張って下さいね 今日で英語での講演は最後ですから
イヴニング・ドレスで講演なんて初めて…
内容は日本漫画文化でいいんですか?
時間になると会場には約300人の紳士淑女がドレスアップして登場
私は光栄なことにたくさんの方々に写真を頼まれた

なっていませんね…
は？
ゴホン
あなたは本日のゲスト・スピーカー…いうなればセレブです！
そ…そうなんですか？
いえ、そうしていただかないと困るんです！
写真を頼まれたら
セレブ立ち！
親しい友人のように寄りそって頭を少し相手側に
頼んだ人を引き立てるように…
歯を見せてにっこり笑う
キャ
あなたのはただの「モデル立ち」です
自分さえよく写ればいいという…
そうではなくてせっかく頼んでくれた相手に主役になっていただかなくては
にっこし
ひ～っ
超勘違い
失敗例
日本ではセレブ志願の若い女性が多いけどまずこんなことからやってみたらいいかもねなんちゃって
ニッ
ピース
あたしはセレブ！
主役
晩餐会は豪華で和やかなムードで進み
CNNの有名なアンカーのサチ・コトさんと私はジョージア日米協会から名誉会員の資格を頂きました
ニコ
ニコ
会長のビーン氏
これから私が国際セレブ教育をしてあげます
そんな総領事自らもったいない！
でもせっかくだからよろしくお願いします
「セレブ虎の穴」っスね
グルルル
ここでの講演も好評で聞いてくれた皆さんに感謝
私は「社交界のような場でも（英語で）講演をして度胸がつきました」とNYにメールしたら…
わ～嬉しい
パチパチ
ワ
よかったですね。
ますます度胸がついて。
(^^;
メールの相手→
ヒ～…やっぱし？
ペ
坂本教授

vol.39
乗馬をマスターしたい!
乗馬といえば日本人はイングリッシュスタイルを思い浮かべる人が多いかもしれない
しかし気持ちいいのは大自然の中でのウエスタン・スタイル
山岳で
海岸で
森で
アメリカの歴代大統領も皆ウエスタン・スタイル
この人はもちろんのこと
私が始めてこのスタイルで乗ったのはアフリカのキャニオンだった 夫は結構うまくてびっくり
ちょっと待ってよ
スタスタ
今回アトランタ郊外で二度目の挑戦
ロッキー・リッジ・ステイブルズ（牧場）で
オーナーのロジャー
GF

ユマ・サーマンみたいなカウガールに憧れてるのに
なんか私もイマイチというかやっぱりまだギャロップになるとコワイ
パカパカ
馬が止まって湖をじっと見つめてた？と思っていたら
じー
その馬は湖を超スピードで走りぬいて向こう岸まで行きたがってるよ
ひえー
えーそんな高度なことやるの？
ゆうこさん冗談ですよ
HAHAHA
総領事夫人
え
ロ…ロジャーめ！
まだまだ修業が足りません
乗馬の後総領事夫妻がバックヘッドにある由緒正しき高級南部料理レストランに連れて行って下さった
ANTHONY'S
ここがアンソニーズね素敵！
ハイソサエティな感じ
スカーレット・オハラ役のビビアン・リーの肖像画が
前菜はロブスター・ビスクそして鴨のローストやシャトーブリアンなどなど
ゆうこさんは好き嫌いのない健啖家ですね
エグゼは小食→
ギク
やっぱ私…大喰いですか…？
胃がアメリカンサイズに切り替わってるよ～
米←目
ハズカシー
日本ではそんなことないっす～
アラその方がうれしいじゃありませんか
奥様ナイスフォロー
もちろんです

第2章 NY達人ガイド

★マークの意味
私が「最もNYらしい」と思うスポットです
（カリブ、アトランタも同様）。
ほかでは味わえないという点と、「私がお気に入り」という
個人的な感覚を第一に考慮した「中尊寺ミシュラン」です。
参考にしてください。

ジャン・ジョルジュ

NYへ着いたらまず
ジャンの懐石風フレンチでキマリ！

　トランプ・インターナショナル・ホテル＆タワーの一階にある有名フレンチ・レストラン。最近のパターンはこのホテルに泊まってジャン・ジョルジュに友人をランチにディナーにと呼び出すのが私のやり方ですが、経済的にそんなにしょっちゅうできませんワ。そのうちデザートは部屋でチョコ食べない？　となってしまう。しかし生粋《きっすい》のニューヨーカーやアーティスト、インテリたちはドナルド・トランプのビルを未だに成金シュミというんだろうか。このキンキラキンがある意味「ＮＹらしい」わけで、やはりステイタス高し。ナオミ・キャンベルはここのタワーに住んでいるし、松井秀喜選手もみんなトランプ系高級アパートにお住まい。

　このレストランのウエイティング・バーはかなり充実。というのも予約がとれなくてここで待つ人も多い（ＦＯＸＥＹのオーナー・デザイナーの前田さんはここが気に入って、真似したゴージャスなバーを自宅に作ってしまったというから驚き！）。内装もすべてモダンで素晴らしいものね。一流店なので気取ってはいるけれど、まったくお高くとまっていない今風の雰囲気。黒服のウエイターがてきぱきとサーブしてくれる。バンコクや香港などのアジアでも活躍したＮＹで今いちばん有名なオーナー・シェフのジャン・ジョルジ

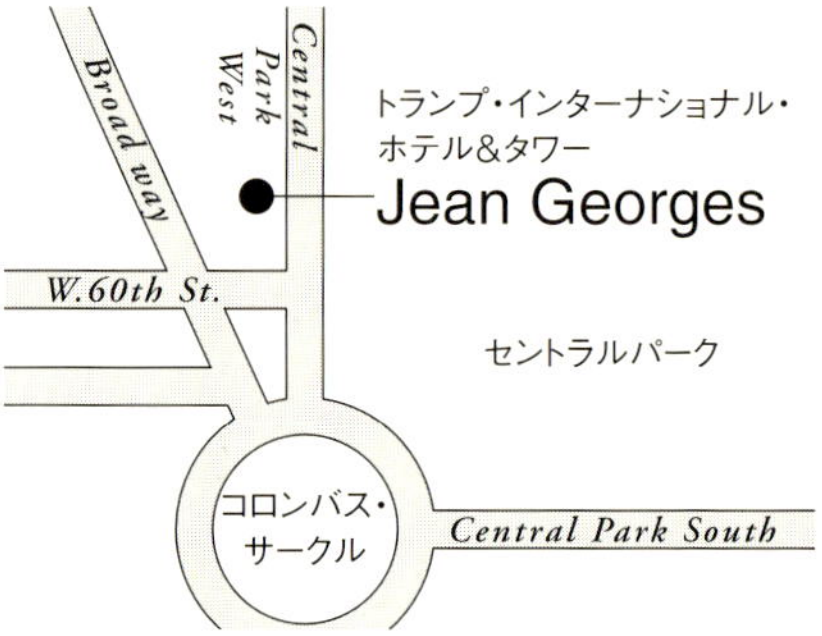

Jean Georges氏
郷ひろみに豪華マンションを3億円で売ったスター・シェフ →
fabulous!
ガシガシガシ…

ュ・ボンゲリヒテン氏のグローバルな視野の旬なフランス料理が堪能できる。極上の素材で作られたお料理が懐石風にちょびっとずつ出てくるからニクイのです！　NYはフレンチも量が多いからこの量がありがたくて嬉しい。ジャン・ジョルジュをアメリカ読みで「ジョン・ジョージ」といったほうが通っぽいぜ！

セントラルパークを眺めながら、客の高級ビジネスマンやマダム、そして洗練された、ガキではないマチュアーなモデルたちの生態も観察できる。昼のカジュアル・ダイニングもいいけど奥のメイン・ダイニングで旬のディナーをいただき、名物のエッグ・キャビアに気絶しよう！　向かいのワーナー・ビルにできたジャン・ジョルジュ・ステーキ・ハウスも行ってみたいし、超話題のスパイス・マーケットも未だ行っていないんだよ〜！　ジャン！

Jean Georges
1 Central Park West at 60th St.
TEL (212)299-3900
★★★★★

祭り

ニューヨーカーが夢に見る
レトロな日本がそこにはあるが……

ミート・マーケットのマリタイム・ホテル一階の話題のオシャレ居酒屋風日本食レストラン。もうここはつねに大人気！　場所柄びっくりするようなファッション系のグッド・ルッキングなモデルやデザイナーの卵などを多く見られる。しかしこの内装……、日本人には絶対にウケないこと間違いなしの六〇年代風。そう、日本への勝手なノスタルジックな思い……。ガイコクジンが浅草とか行ってむやみにありがたがるようなあの感じ。広い店内はちょうちんとロウソクのみの照明。はっきりいってこれはただのムカシの居酒屋では……？　昭和テイストばりばり。でもニューヨーカーはそこんところにググッと来ちゃうんでしょう。そして「こんなところでローフィッシュでサキ（酒をサキと発音する外国人多し）をひっかけるのがスノッブ」ってね。そう思っていただけるのなら日本人としては嬉しい限り。

　ここはとにかくセレブが多い！といっても暗くて広くてこれじゃあ見分けられないヨ。どこにビヨンセやJAY-Z、ケイト・モスがいるんじゃい!?

　お食事の内容はさすがに充実していて日本酒も二五〇種類も用意されている。人気メニューはBlack Cod（銀だら）。寿司バーでは、友人といっしょにいたらニューヨーク・タイムズの記者の男の子にナンパされたよ。NYでは寿司も、お好みで満足に注文できないようでは一人前とはいえな

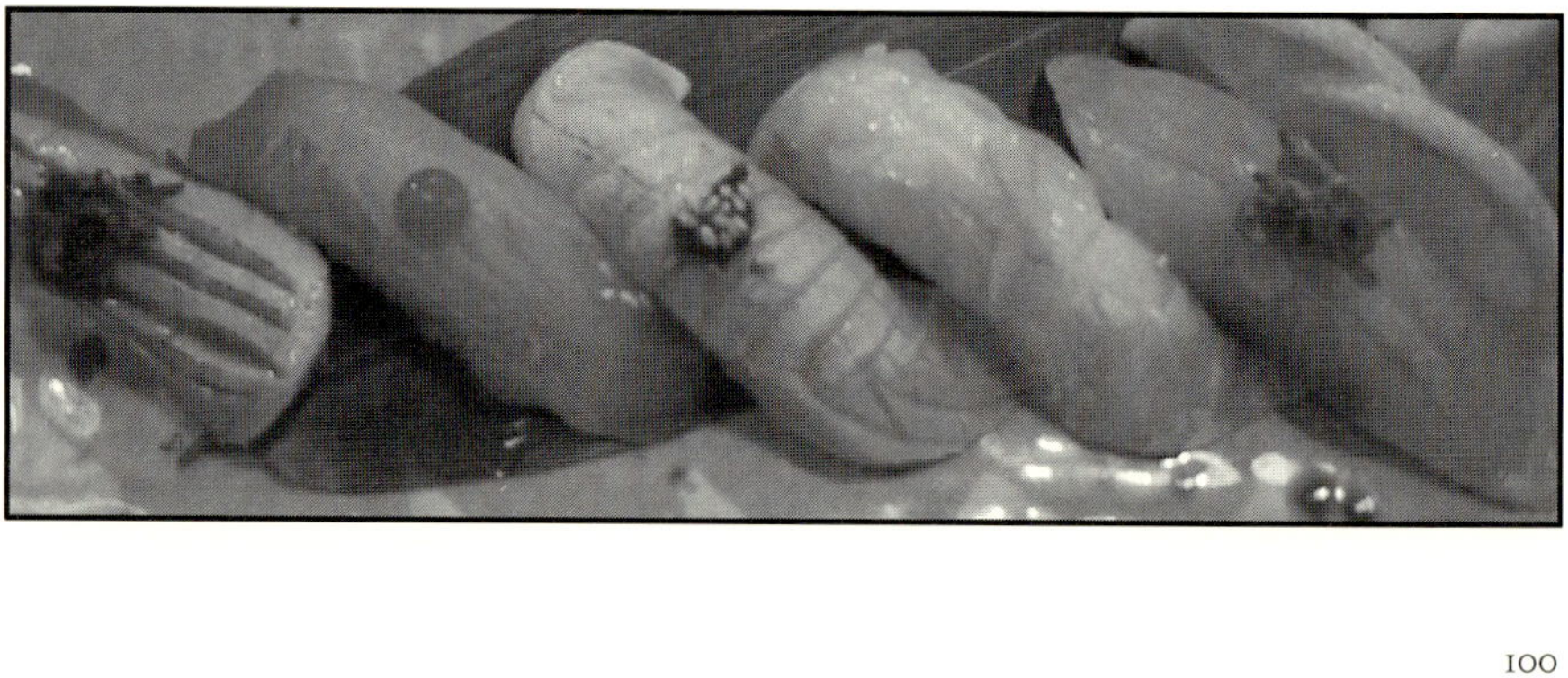

いことになっている。ここの創作寿司はイケる。ネタに合わせた特製のタレをちょっぴりつけてくれるので醤油をつけないでハマチ、ヒラメ、タイなどの刺身や握りを食べる。

常連セレブとしては筆頭はカルバン・クライン。ベッツィー・ジョンソンはアツカン好きで刺身をたくさん頼んで、半分しか食べないらしい。ウィル・スミスはとても礼儀が正しく、たまにくるニコール・キッドマンは長身できれいなのでぶっちぎりで目立ち、他にシンディ・クロフォード、日本代表は黒柳徹子や中田英寿選手などなど。つねに混んでいるため裏技を使って席をとろう。内外問わずセレブが多いため「あの有名な○○先生がお見えですので！」というウソを接客係にダメもとでいってみよう。意外に早く席につけるかもよ。ウフッ。←私はそれでいい席つきました（ちゃっかり！）

MATSURI
369 W. 16th St.
TEL (212)243-6400
★★★

ミスター・チャウ

ティナの時代から
ＮＹ文化人御用達高級シノワ！

八〇年代のＭＲ．ＣＨＯＷは文化人やスターたちが席を取りあった伝説の「物語」がある高級チャイニーズ・レストラン。ミック・ジャガーにアンディ・ウォーホル、ヴォーグの編集長から時代が変わり、客層も変わるけど、いつもいるのは「旬の人」だ。今やヒルトン姉妹も週一でお目見えとか。改装されたＬＡのビバリーヒルズ店も相変わらず人気でモニカ、ロバート・デ・ニーロ、エリザベス・テイラー、ニコラス・ケイジ、マライア・キャリーなどが常連。ＬＡ店も好きだけどＮＹ店に通って一五年。毎回いろいろな友人を連れて来たなあ。セレブな知人にも偶然会えるので、私にはたくさんの思い出がある場所。

　まず店の作りが華やかだ。エントランスは高い位置にあり、それがまるで「ステージ」。そこから階段をゆっくり下りて席に案内してもらう。その階段を下りるときがポイントで、かっこよく素敵なパートナーと登場したい。客は食事をしながら「次はどんなセレブが登場するのか」と「ステージ」を眺める仕組みになっている。

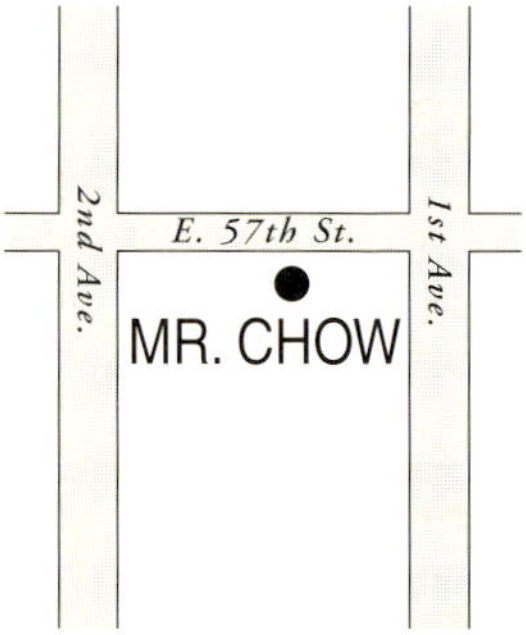

　ヌーベル・シノワという当時のハヤリの言葉にはあてはまらない内容のフォークとナイフで食べてエスプレッソでシメる中華料理には最初は驚いた。名物のアペタイザーはハトのミンチのレタス巻き、ガンビといわれる謎の海藻？やＭＲ．ＣＨＯＷヌードル、フライドライス（焼き飯）だってふた付きのピカピカの銅製のボウルに入って出てくる。そしてお店自慢の

ペキンダックや伊勢エビの黒コショウ炒めなど。

だいたいウエイターが俳優やモデル志願かしら？　というくらい華のある男ばかり。最近の客層は相変わらず若い小金持ちの白人層とブラックミュージック業界の大物たち。そういったブリンブリン（豪華）の黒人プロデューサーや社長ににココへ連れて来てもらえば、売れっ子R&Bシンガーやラッパーの仲間入り。店内はつねに白人と黒人でごったがえし、中華なのにいつも東洋人は私だけ。エヴィアンの瓶ボトル一〇ドル。いつも混んでいるが、マニア向けのセレブには必ず会える。デヴィ夫人も常連で何度かお会いしている。今は亡き日本出身のハーフのトップモデル、ティナ・チャウの黄金期にも来てみたかった。遺児のチャイナ・チャウはハリウッドで女優として活躍中。早い時間に行けば予約なしでOK！

MR. CHOW

324 E. 57 St.

TEL (212)751-9030

★★★★½

ガム・ミー・オック

塩加減に要注意！
お腹に優しい泣ける味！

「カムミオ」とも発音する有名な韓国のオカユ屋さん。本当はオカユではないが、私たちの周辺では「韓国オカユ」と呼ばれているそれはソー・ロン・タン（七・八五ドル）。骨付きの雄牛の肉をコトコトと一二時間煮込んでできたスープは柔らかな乳白色で、余分な脂がぬけたオックスボーン・スープ。そうめんとごはんと牛肉が入っていて、とても優しい味。塩とネギがテーブルに常備されていて、自分でさじ加減を調節。塩の量を間違えると、ビミョーに美味しくなくなるので、何回か通って、自分の好みの量を正確に把握すべき。ネギも入れすぎてはだめ。そして壺入りのキムチがどかんといっしょに出てきてハサミでザクザク切ってダイナミックに食べる。これがフレッシュでとっても美味！

　キムチは別料金ではなくアペタイザーとしてサービスでついてくるのです。しかも大きな青いとうがらしもいっしょに！　韓国料理ってそういうところが太っ腹よね。お新香の代金までこまごまとる日本料理って何なんだって。

　店内はレンガ造りで清潔。客の回転が早くてとってもイキイキした雰囲気。奥には座敷もあるし。ソウルあたりではソー・ロン・タンはとてもポピュラーな一品らしいがＮＹで食べるのがまたいいのよね！　それもエンパイアの裏あたりで。誰にでも、やたらにこの店を勧めているが全員に「行ってよかった！　何度も行くようにな

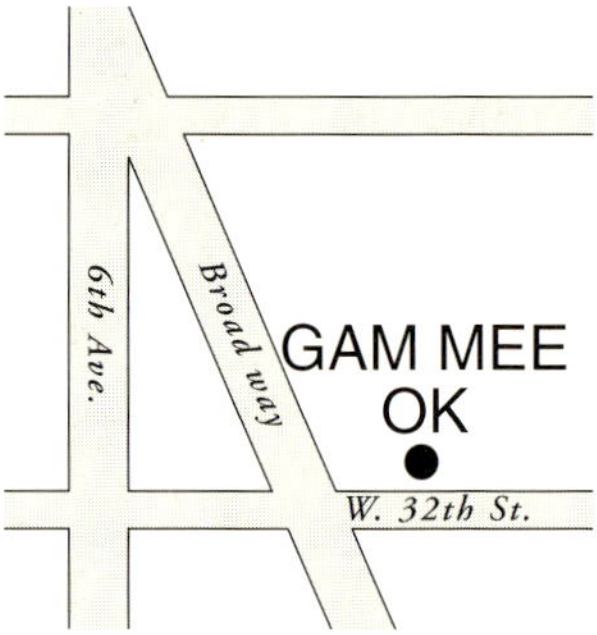

った」と感謝感激される。とにかく一度食べたらやみつきになるので、ぜひおためしいただきたい。味が濃くて、量が多くて、デリカシーのないような料理がたまたま続いてしまったとき、クラブのパーティのはしごでヘロヘロの深夜、シンシンと雪の積もる寒～い夜、ここのオカユはお腹にとっても優しくてホッとするのだ。

　年中無休の二四時間営業なのでいつでも行ける安心感がある。時差ボケでつらいジェット・セッターにも嬉しいお店だ。温かいウーロン茶も出てくるしね。休日の夕食時に行くと、けっこう並ぶので要注意。メニューは内臓系の料理など四種類しかなく、自信のほどがうかがえる。韓国のパンケーキ風お好み焼きも美味しい。お値段も安いのでぜひメーシーズのショッピング帰りにでも寄るとよいです。ヨン様もお忍びでオカユ食べに来るとか（それはウソ）。

GAM MEE OK
43 W. 32 St.
TEL (212)695-4113
★★★★★

ティラミス

お店は地味だけど
ハズレのないリッチな味

ここに通い詰めて一〇年。ここはNY在住ギタリスト志望のおぼっちゃまの「ぐるめくん」という友人が探し当てた大正解の店なのだ。

定番のシーフードのトマトソース・スパゲティは大きなクラムやロブスターも入っていて贅沢！ ピザはワイルド・マッシュルームが本当に野性的な味！ ルッコラと牛肉のソテーなど、どれを食べてもハズレはまずない。

アッパーイースト八三丁目の角にあるガラス張りのお店。いつ行っても店自体の威勢がよく気取っていない。

このへんの近所の人用のレストランにすぎないんだけどアッパーウエストからタクシーで出かけ、帰りは故ジャクリーヌ・ケネディのアパートの前を通ってセントラルパークをつっきってやはりタクシーで帰る、というのを繰り返す私は、「他のイタリア料理屋も探せよ！ いっぱいあるんだから！」とよくいわれるが、どうもここの味が好きなんですね。

席が埋まってくるころにはロースト・チキンもちょうどいい感じで竈《かま》から焼き上がってくる。

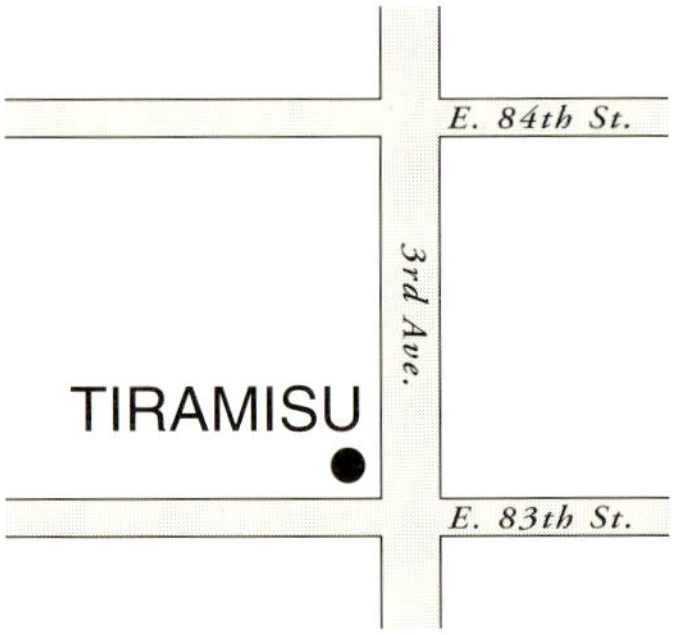

TIRAMISU
1410 3rd Ave.
TEL (212)988-9780
★★★★

ユニオン・スクエア・カフェ

みんなが美味しいっていうから……

相変わらずザガットで一、二位を争うこのNYレストランの大御所ダニー・マイヤー氏の店。ニューヨーカーたちがなかなか予約がとれないことでも有名。

イタリアンが基本だがアメリカンなハンバーガー（ランチではこれが有名）も出すし、日本食を意識したフュージョン・キュイジーヌも未だ根強い人気。ここの大人気「まぐろのフィレ・ミニョンの野菜漬けとわさび・マッシュ・ポテト添え」二九ドル、正式には「UnionSquare Classics」はまぐろの焼き加減も選べる。日本人として納得できるようなできないような……。だって、いわゆる寿司のガリが焼いたまぐろに添えられているんですよ。横川潤グルメ教授は紅生姜がのっていたというが……。まわりをグルリと見渡すと、テーブルで一人はこれを頼んでいるから驚く。というのも、私はここに来なくても、ほぼ同じものを家で夫が作ってくれるので、ごく普通に食べていたからだ。

NYではマッシュ・ポテトにいろいろと味付けをするのが流行ったようだが、わさび風味ですから。他に、ホット・ガーリック・ポテトチップスも有名らしい。ポテトチップスという軽さがいかにもアメリカンで、NYではフレンチに勝つアメリカン・キュイジーヌといったところか。もっといろいろ食べてみたい。

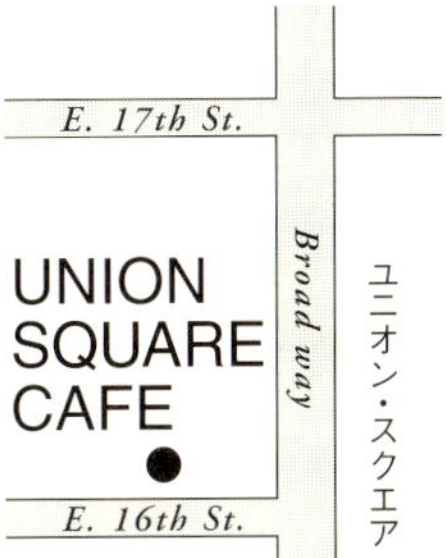

UNION SQUARE CAFE
21 E. 16th St.
TEL (212)234-4020
★★★

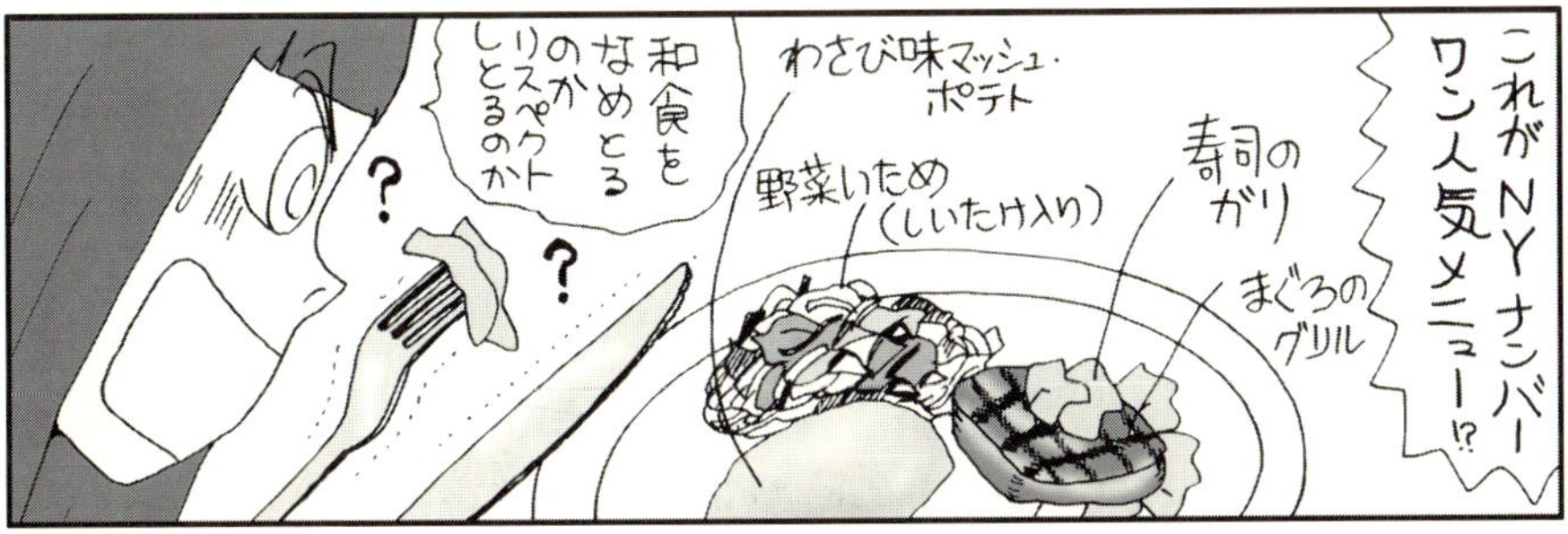

ゴッサム・バー&グリル

NY風のオトナの高級スノッビーなムードならここ！だが……

NYの典型的・新アメリカ料理（ヌエヴォ・アメリカーナ）。私の勝手な考え方としては、アメリカ料理ってのは、ネイティブ・アメリカンが食べていた料理を出さない限り、結局は各国とのミックスで、地域によってコンセプトが違うわけだ。しかし、こってりしたクリームやお肉を味わいつつも、「でた！ 醤油風味！」とか「でた！ ポークの味噌煮込み」といった感じで、日本料理をフュージョンしたいのはわかるけれど、ぜんぜん隠し味になっていないよ！ そのまんまでした。でも、ゴージャスな内装に合うわぁ、みたいなところが不思議。

昔、生鮮市場だったビルを一大改造したというが、店内は威厳があって高級感が溢れている。それにしても、店の真ん中にデンと飾られた自由の女神がバカっぽく憎めないレストランなのであった。これが私の思うヌエヴォ・アメリカーナ。

やってくれるね、シェフのアルフレッド・ポーテイル。ザガット四位の人気店。ランチのプリフィクスは二五ドル。メインもデザートも私たちにはちょっと味が濃いのが気になるが……。

Gotham bar & Grill
12 E. 12nd St.
(Bet 5&University Place)
TEL (212)620-4020
★★

バローロ

大勢でワイワイ行ける
中庭のある広いレストラン

有名なワインの産地が店名となっているこのお店は、大勢の友人たちと気軽に食事を楽しめるソーホーの誰でも知っているホットなイタリアン・レストラン。気軽にといってもお値段はそこそこなのでお気をつけあそばせ。ここはブティックばかりの中、大きな旗が掲げてあるのですぐわかる。

　ここのトマトソースのホームメイドのスパゲティが有名。まさに手打ち風の麺。他にも今日のお勧めのパスタを尋ねてみると美味しいものに出会えるし、有名なのはリゾット。

　お昼はウォール街から来るお客さんも多い。

　ある日、ピーター・ビアードの元恋人でもあり、「一〇億円の女」との異名を持つストック・ディーラーで、私の憧れの美女Aさん（真行寺君枝似）がカンパニー・オーナー風の白人の爺さんとシブくビジネス・ランチをしているのを発見。その絵がキマってた！

うへえ、あのAさんもここでランチするのか、というのもあり、この店が好きに。

　とにかく店内が広く中庭にもテーブルがある。代表的なイタリアンであるプロシュートもピザも、どのお料理も美味しいのです。

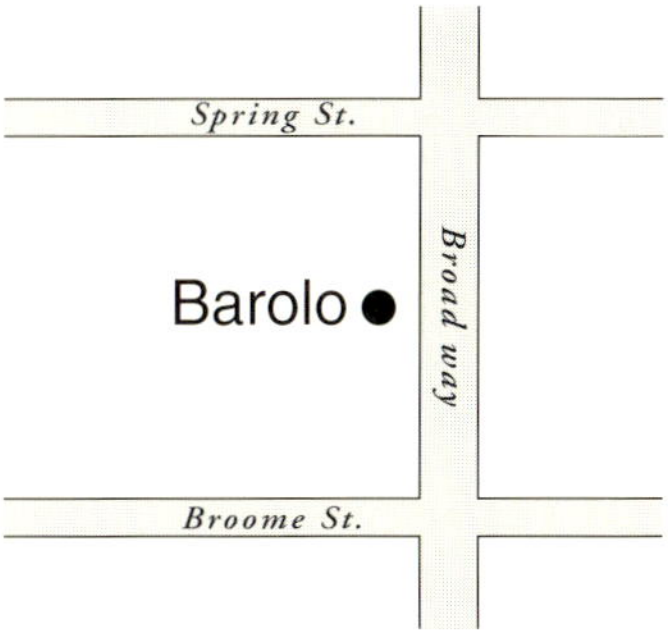

BARO LO
398 W. Broadway
between Spring St. & Broome St.
TEL (212)226-1102
★★★

ピーター・ルーガー・ステーキハウス

肉食ったらとっとと帰ろう！

エグゼクティヴなニューヨーカーを自認する人なら誰もが一度は行っていて、知人全員が絶賛しているというのに、私はぜんぜん行っていませんでした。そして、その噂を聞くたびによだれが出て、やっとのことで予約をゲット！

ウイリアムズバーグ橋を渡って、ブルックリンに着いてすぐのところにある、この歴史ある（創業一八八七年）ステーキハウスにタクシーを飛ばしたのであった。

まずは皆さんのご指南通りにアペタイザーのトマトとたまねぎのスライスにお店特製の甘いステーキソースをかけて食べる。トマトが大きくて熟してて美味しい！　つけあわせはクリーム状のほうれん草。待望のTボーンステーキは、こんがりワイルドに焼きあがり、中はしっとりジューシー！　いったいどんな焼き方なの？

これはお店の特製ソースではなく、塩コショウだけで食べたほうが断然美味しいことが判明。

このあと、ピーカンパイやコーヒーでシメるという手もあるが、周りを見渡しても肉を食ったらとっとと帰るのがここの流儀のよう。夜中までずっと混んでいるしサ。サザンの桑田さんもここが大好きとか。カード不可、要予約。

PETER LUGER
STAKE HOUSE
178 Broadway
TEL (718)387-7400
★★★★

ジミーズ・アップタウン

気分はブリンブリンな
お金持ち黒人

ハーレムで今いちばんオシャレなレストラン。距離的には近くても、アップタウンでは見ることのない地元の黒人ハイ・ソサエティー・ファミリーに遭遇できる。ちょっとだけドレスアップしてリモ（リムジン＝ていうかホントはカー・サービスでいいんですが）で乗りつけるのが普通。

今どき「ハーレムに行くなんてコワイわ」なんていっているお嬢さんは問題外だし、時代錯誤も甚《はなは》だしい。俺はB-BOY（ヒップホップ）だからブルックリンやブロンクスにしか興味ないとかいってるガキもだめ。かといって、ジャズしか頭にないじじいもお断り。

ハーレムには歴史ある街並みや建築物も多い。それだけでも一見の価値があるけれど、ここ数年でクリントンの事務所だけでなく、ヒップホップ・プロデューサーなんかも引っ越してきて、活気あふれる新しい街に変わりつつある。

お勧めはキャットフィッシュ（鯰《なまず》）をカリカリに焼き上げたソテー。これは絶品。他にはフライドチキン＆ワッフルやパエリアなどがいける。基本は南部＆ケイジャン料理だが、フレンチのテイストも。二階はクラブで、日によっては超満員と大人気。ジミー・ロドリゲス氏が「ブロンクス・カフェ」についで二〇〇〇年にオープンさせた。五七丁目に姉妹店あり。

JIMMY'S UPTOWN
2207 7th Ave.
TEL (212)491-4000
★★★★

エイミー・ルース

ソウル・フードってきれいで美味しい！ と唸らせる人気店

ハーレム通の誰に聞いても、このレストランの名前はあがるという、ほんのちょっとオシャレして行く、家族向けレストラン。ハーレム一、二を争う超人気店。

平日はパスタ料理もあるが、もちろん、基本はソウル・フード。その昔、アフリカから米国南部に無理やり連れてこられてしまった人たちのたどった軌跡と、彼らが各地で体験した（食）生活や経験の蓄積から生まれたのがソウル・フード。

その代表的な料理の一つであるガンボのように、さまざまな味が溶け込んでいる——と書いてしまうと、堅苦しそうだが、ぜひ試していただきたい。特徴といえば、独特の甘さか。アトランタ以南の南部の料理はより味が濃い。

定番は超ジューシーなフライドチキン。主食がコーンブレッドで、付け合わせが、カラード・グリーン（クセがあるが、そこが美味しい、青菜の炒め煮）、マカロニ＆チーズ（マカロニをチーズソースで和えて、オーブンで焼いたもの）。

このレストランの名物は、キャットフィッシュのフライにフレンチフライとタルタルソース。

お腹いっぱいです！

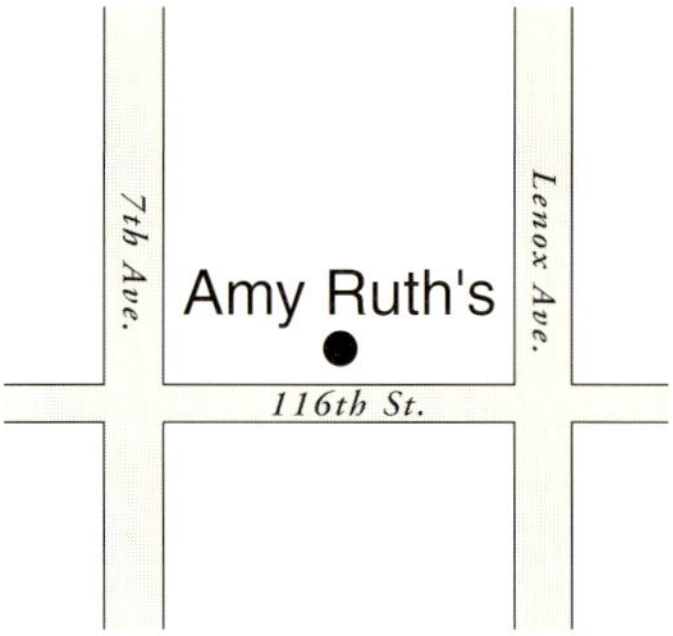

Amy Ruth's
113 W. 116th St.
TEL (212)280-8779
★★★

パポーバー・カフェ

乙女ちっくなブリっ子
英国風カフェ

パポーバーとは、英国のヨークシャー・プディングのこと。このパンを焼くのは、もう本国でもお婆さんしかいないと、隣の席にいた老齢のマダムに聞いた。やわらかくて大きいこのパンは、パフッと割ると、中が空洞で、フワ〜ッと湯気が上がる。その焼き立てプディングに、ホイップされたストロベリー・バターをつけて食べると、なんとも乙女ちっくな気分。寒い冬場など、この湯気を見て、何という幸せを感じることか。これはＮＹではこのカフェでしか味わえない。名物のエンドウ豆の自家製スープといっしょにいただくと、私は「若草物語」のベスになってしまうね（一九世紀のアメリカで食べてないと思うけど）。

　そして、かわい子ブリっ子カフェとしてなのか？　ただの古いぬいぐるみがゴロゴロと席に置いてあるのが、ぬいぐるみマニアの私としてはキツイ。英国産だったら、メリー・トート社の年代物のテディ・ベアくらいは置いてほしい。

　ＮＹで「英国風」を味わうのはわりかしむずかしいので、ここは貴重なカフェだ。八一年に最初たった八席で始めた小さなカフェが、今や一〇〇席となり、人気のほどがうかがえる。軽いんだけど満足できるメニューが多く、ほうれん草のオムレツなども美味。スープは午前一一時からなので要注意。

popover cafe
551 Amsterdam Ave.
TEL (212)595-8555
★★★

アダ

オシャレなアッパークラス・インド人御用達！

イースト・ヴィレッジのインド人街にある、シタールをベンベケベンと（半地下で）弾いている、雰囲気たっぷりの某マハラジャのあるカレー通りとはかなり違い、五八丁目の2nd《セカンド》 Ave.と3rd《サード》 Ave.の間には高級インド・キュイジーヌ・レストランが軒を連ねている。

そんなアッパークラスのインド人が集まるこの通りにあるのがアダ。料理は「スパイスこてこて」ではなく、オシャレなフュージョン。デザートにはパンナ・コッタやチョコレートムースが。内装はモダンなシャンデリアなどで今風のちょっとハイテック・ゴージャスな高級インテリア系。お金持ちのインド人は、NYではキンキラゴテゴテにしないのね。

ディナーのプリフィクス（コース）で五五ドル。昼なら一〇ドル。ナンもあっさりお上品。料理はフレンチ並みに美しく皿に盛られる。子羊のグリルなど洗練度高し。

ここで友人のお誕生会が開かれたのだが、ちょっとインド風のスパイスが効いているといった感じで、必要以上にインド臭さがなく、本当にオシャレ。パンでもナンでもどっちでもオッケー。インド音楽が鳴り響き、お香の匂いプンプンで象の置物があるような、従来のインド料理店の概念が崩れ去るアッパーな一時《ひととき》であった。

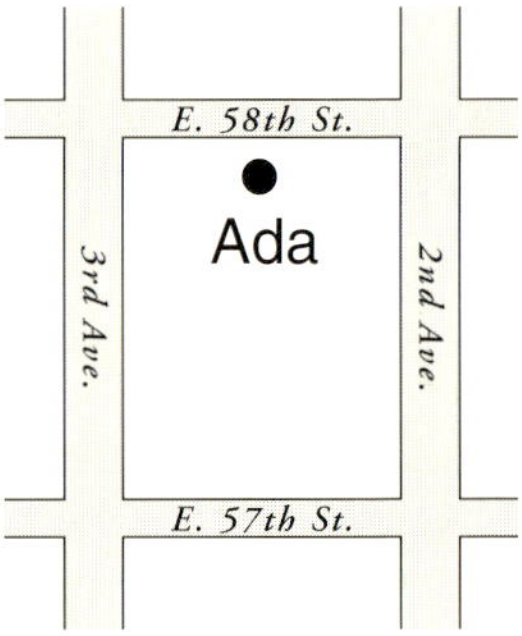

ADA
208 E. 58th St.
TEL (212)371-6060
★★★

カブール・カフェ

9・11以降行きたい店ナンバー1《ワン》

ここの料理は、（恐らく……）ＮＹ風のアレンジがまったくなく、ちょっとハード。移民の国なのだから、もう少しお手柔らかにしていただきたいワ。なんせ九・一一以降、ＮＹのアフガニスタン人は相当つらいか、はたまた同情をかって逆に繁盛するかのどちらかだろう。こんなレストランの厨房で、ビンラディンが賄《まかな》い食の「串焼きのサフランライス添え」みたいなのを隠れて食っていたら、やっぱり通報して懸賞金数十億円もらっちゃうよね、って絶対いるわけないのに考えてみたり、壁にディスプレイされているアンティーク銃を見ながら、大学の政治学科のゼミでやったソ連のアフガニスタン侵攻など冷戦当時の代理戦争のことなんか思い出したり。ピーター・ビアードの奥さんにアフガニスタンの王族の娘がいたなとか、友人宅のあのアホなアフガン・ハウンドはどうなっただろうとか、バーミヤンは、日本ではすかいらーく系だよなとか……めくるめくアフガニスタンへのプアーな連想といっしょに現地（風、恐らく……）の料理を食べ終わった頃、携帯が鳴り、ウォルドルフ・アストリアの高級日本料理店「稲ぎく」（Ｐ一一二）に家族で招待されていたことを思い出した。嗚呼《ああ》、遅かりし由良之助！

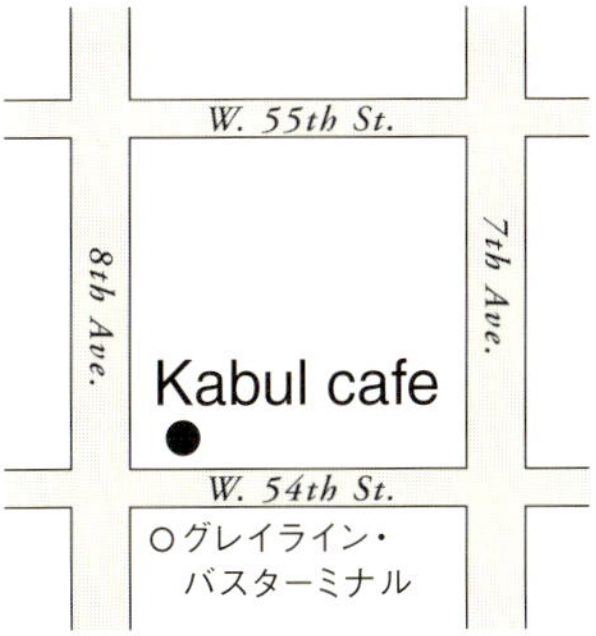

Kabul Cafe
265 W. 54th St.
TEL (212)757-2037
★★

フォー・ベト・フーン

カジュアルなベトナム料理なら絶対にここで涙！

　NYに着いたら、荷物を置いて、そのままタクシーでここに直行！　という時期もあったほどで、ここ一五年間行きすぎて、ちょっともう……というくらい行った。ここは私の「NYの味」なのだ。

　若い衆大勢におごるときは、この大きなラウンドテーブルで「好きなもの食べて！」とやるのだが、一〇人におごったところで、安心のお値段。このフォー・ベト・フーン一五回分で、ル・コロニアル（五七丁目の高級ベトナム料理店）一回ってな感じかな。そして美味しい！　と感動されるので一石二鳥。

　おススメは私の定番、サイゴン・スタイル・ライス・ヌードル、生春巻き、揚げ春巻き、葡萄《ぶどう》の葉でくるんだ牛肉、ポーク・カリー・ライス、ソフトシェル・クラブ、やたらに食べた研究の末、これらがいちばん美味しいので、もうこれぱっかし。日本では、ケチられる香菜とミントたっぷりでね！　その他、バーベキューっぽいものなど何でも美味しい。

　しかしなあ、外国人カレシ連れの日本人留学生女子も多く見かけるが、私とぜんぜん違うものを頼んでいるのはなぜ？　もっと美味しいものあんの？　とにかくヘルシーだし、軽いので、ベトナム料理はしょっちゅう食べたい。

Pho viet huong
77 Mulberry St.
TEL (212)233-8988
★★★★

ボー・キー・レストラン

働くチャイニーズ・ニューヨーカー御用達！
激ウマ＆激安の店

ここはフォー・ベト・フーンの近くでさらに安い。そして美味しい！　お金がないけど、うまいもん食いたい人や高級料理に飽きた人は、このお店に来て、ペキンダックのオーバーライス（四ドルくらい）やいろいろなヌードル（エッグ、ライス等）を試すとよい。一部ニューヨーカーの間では激ウマのチャイニーズ・ヌードル屋として有名。雰囲気的にはシンガポールのあの有名な屋台のデパートみたいな感じ。でも、もっと美味。チャイニーズ・ニューヨーカーは舌が肥えているからね。カレーライスもいいね！　惜しみないココナツ・フレイバーがうれしい。

　地元のアジア系の人たちが家族や友人どうしで来て、勢いよく、気前よく（だって安いから）食べている姿は、見ていて気持ちいいゼ。中国人ＯＬたちは、そろってペキンダック。肉の部分も美味しく調理されているからね。つけあわせに千枚漬けみたいなのがついているのが泣ける。ここなら私だって二〇人分おごれます！　お水は紙コップに入って出てきたりするけど、そんなの気にならないゼ。

　このあと、近所の中華喫茶でコーヒーとカスタードの安っぽい中華ケーキを食うのがよい。同じアジア人なので、言葉が違えど何の遠慮もいらないのさ！

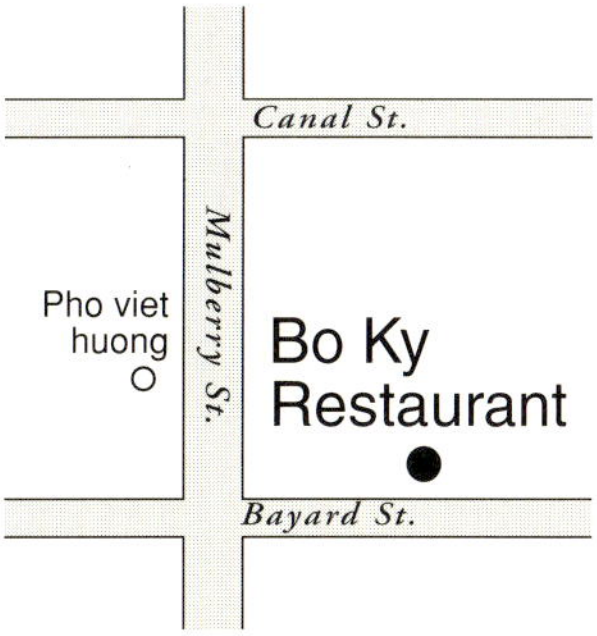

Bo Ky Restaurant
80 Bayard St.
TEL (212)406-2292
★★★★

オリーズ

アメリカの大衆中華料理ってウマイ！

アメリカ人にとって非常に入りやすいNoodle&dumpling shop（ラーメン・ギョーザ店）として認識されている。

般若の面と吊るしのペキンダックがお出迎え。パブリックスペースの奥の広い店内にはB級中華の勢いある香りがたまらなく広がる。

メニューは豊富でいろいろあって誰が食べているものを見てもウマソ〜！「ねえねえ、これなんていう料理？」といちいち聞いて歩きたくなる。

リンカーン・センターにほど近いためプレシアター・ディナーとして利用する「ちゃっかり客」多し。

観劇のチケットは一〇〇〜三〇〇ドル以上もするんだからもうちょっといいもん食ったら？　といいたいが、とにかく注文したらすぐ出てくる。美味しい、安いときたら、観劇前の夕食はオリーズかもね。

デリバリーも激はや！　チップをはずんじゃうぜ！　しかし、このヌードルスープ系には注意。うどんみたいなラーメンとか謎の味のものも……。

セサミ・チキンはちょっと高級感があって大満足。ギョーザの皮は当然ぶ厚い。

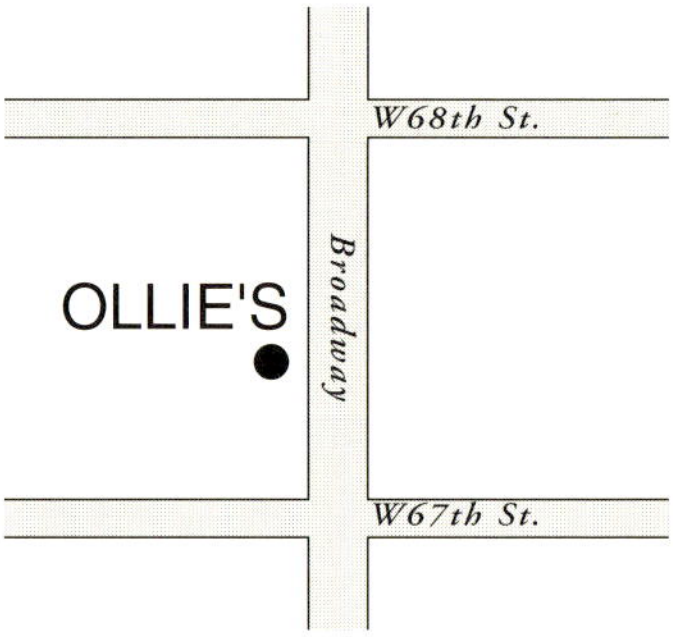

OLLIE'S
1991 Broadway
TEL (212)595-8181
★★★

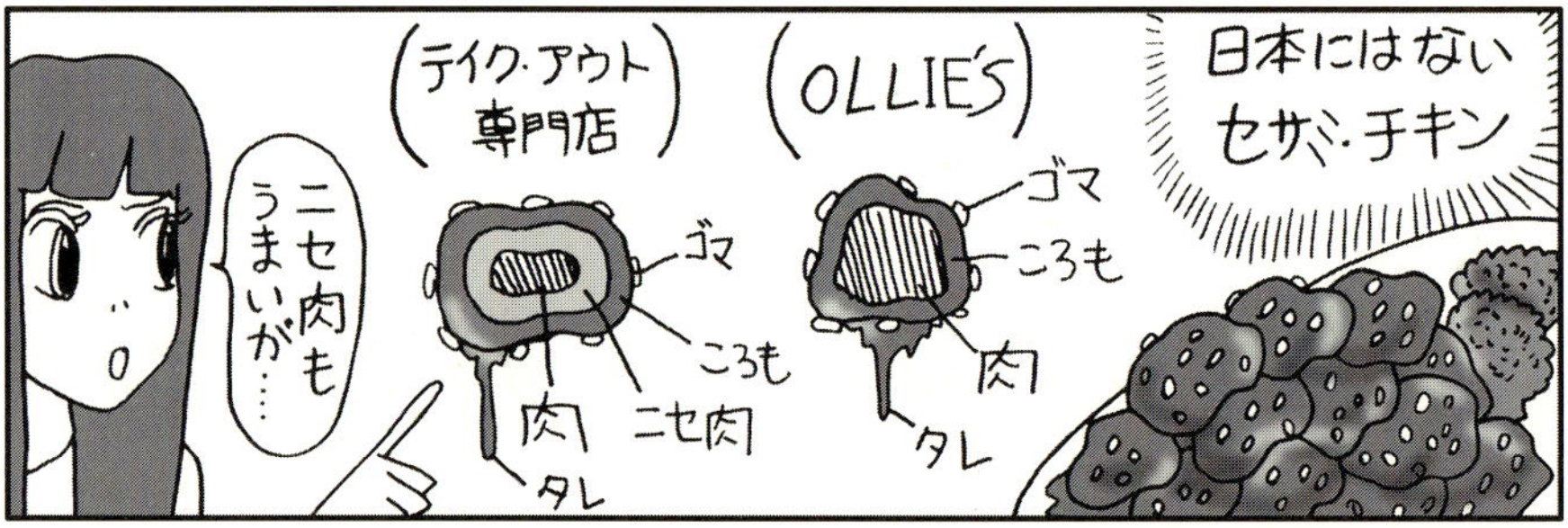

ハル

ロッキーさんのお人柄全開！
見た目も豪華な日本食

アメリカン・ドリームを最初に実現した日本人＝ベニハナのオーナーであり、トップモデルのデヴォン・アオキの実父であり、レスリングでオリンピック選手だったかと思えば、バルーンニスト（風船冒険野郎）でもあるロッキー青木さんの寿司＆フュージョン和食店。

寿司ネタがでっかいのがロッキーさんの自慢だが、じつは韓国人シェフが最初大きさがわからず、間違えて握ってしまったら好評だったので、そのまま大きいとのこと。ここは五番街〜パークアベニューを流す「ちょい高級」ビジネスマン御用達だ。

日本人経営（といってもロッキーさんはアメリカ国籍）の店だが、日本人は見当たらず白人ばっかし。ベニハナ＆ロッキーさんご本人同様アメリカ人を引きつける魅力がそこにはある。実際、有名人なのに気取らなく、人なつっこい性格のため、道を歩けばみんなに声をかけられ、そのまま立ち話をしてしまうほど。

寿司は本格的だが、アペタイザーやメイン料理などは、まさにフュージョン。アボカドの刺身に高級胡麻油を使った味付けなどが日本にはない「アメリカンな日本」をじんわりと感じさせる。

HARU
205 W. 43rd St.
TEL (212)398-9810
★★★★

ベニハナ

これぞアメリカ人家族のための日本の味

世界に一〇〇店舗以上を構え、最近ではモスクワ店もオープン。インド店もそろそろ？　との噂も。

ベニハナというと、料理人による鉄板焼きのパフォーマンスであまりにも有名だが、私はここで「アメリカ人の家族」が見られるから好きだ。

というのも、ベニハナでお誕生会をやるのが小学生の間で大流行中。パフォーマンスを見ながら、兄弟姉妹でおお受けし、サービスで出してもらえる誕生日ケーキとろうそくを立てた陶器製の大福様に大感激。そして、国際色あふれるシェフや従業員に「しあわせなら手をたたこう」を歌ってもらう！　日本の小学生なら喜ばないこと確実だが、ニューヨーク・キッズにはバカ受け。これも創業者ロッキーさんだからこそやれる神《かみ》業《わざ》センス。

彼が世界中のセレブと親交がある証《あかし》に、どの店舗のエントランスも、歴代のセレブとのツーショット写真で埋め尽くされている。もちろん娘のデヴォンちゃんのポスターなども、貼られている。ここは通称ベニハナ・ウエスト。ちなみにベニハナ・イーストは、五六丁目のＬｅｘ　＆　Ｐａｒｋにある。

BENIHANA
47 W. 56th St.
TEL (212)581-0930
★★★

本村庵

大物アーティスト関係御用達の高級蕎麦処

オノ・ヨーコ、坂本龍一、千住博、昔はテイ・トウワなど日本の一流アーティストが常連客のスノッビーなお店。たしかに美味しい。先生方のように週三くらいで訪れ、ここの味と雰囲気に慣れてしまうと、他の店の普通の蕎麦ではきびしくなることがわかるお味だ。

昔、ブルックリンの黒人ラッパーを連れて行ってみたら「ここはゾンビばっかりだ」といわれたが、彼のいうゾンビとは、スーツを着たエグゼなビジネスマンという意味なので（苦笑）、ウォール街からわざわざやってくる客も多いのだろう。噂ではオノ・ヨーコはソーホーにあるこのお店から、アッパーウエストのダコタハウスまで、盛り蕎麦を出前させているという。

麺は当然手打ち。蕎麦の他に鴨うどんなども美味。いちばん最近では現代アートの貴公子＝千住さん（超常連）に連れて行っていただいたが、彼が食べていた天丼も相当うまそうで気になるところだ。

それにしても、日本でも有名な蕎麦処だというのに「ほんむらあん」を「ホームラン」と勘違いしていた一八年前の幼い私は何だったのだろうか（苦笑）。くれぐれも注文の前にお値段に要注意！

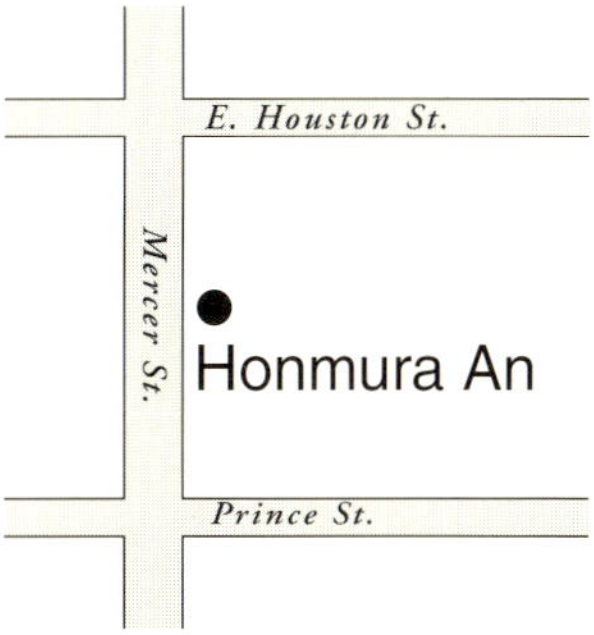

Honmura An
170 Mercer St.
TEL (212)334-5253
★★★★

稲ぎく

国際派の日本人エリート気分で

松井選手もNYヤンキース入りして最初に訪れたという高級日本料理店。国賓《こくひん》クラスや王侯貴族御用達の歴史あるホテル、ウォルドルフ・アストリア内にある。

個室は日本企業のエリート・ビジネスマンの管理職〜社長クラスやマスコミの接待に多く使われている。ここへ呼ばれたらあなたも国際エリート！　でも、呼ばれなくてもちょっとエリート（本当は今や死語）気取りで自分で天ぷらうどんでも食べたいワ、というときは四九丁目に面したストリート・レベルの入り口からパーっと入っちゃダメ！　賑やかなパーク・アベニューに面したウォルドルフ・アストリアのエントランスで、いかにも社用のリムジンから降りたように見せかけつつ入り、優雅に歩き、コンシェルジュをやり過ごし、ときには小泉首相やアラブの王様とすれ違い、いちばん奥にあるこの店に厳かに入っていく。このなかなかたどり着けない、ちょっとした道のりというか演出がこの店は大切なのだ。でもまあ、エリートはやっぱ四九丁目に横づけするわな。

名物の一つは、唐辛子味の赤い天ぷら。お刺身も超豪華。氷上の高級感あふれる盛り合わせ方はやはり一流処だ。数品の懐石風コースは七〇〜九〇ドルくらい。

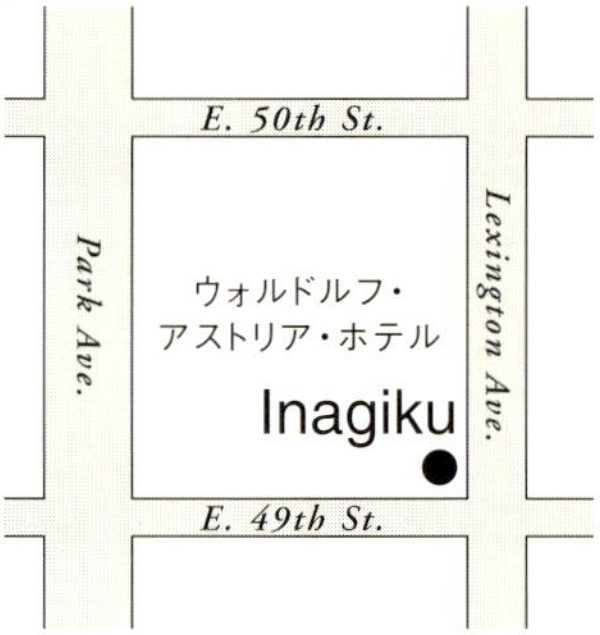

Inagiku
111 E. 49th St.
TEL (212)355-0440
★★★

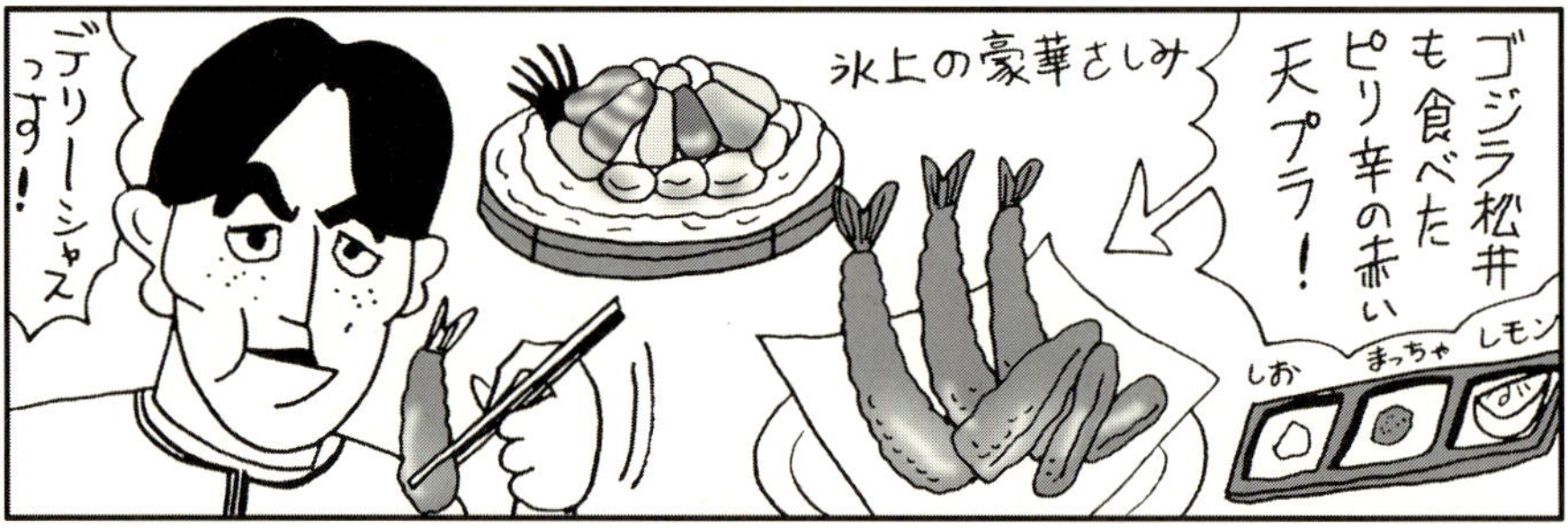

タオ

ニューヨーカー気分でアジアの神秘崇拝（笑）

「タオ」とは、道教でいう宇宙の根本原理のこと。老子が説いた教えは「道教＝タオイズム」。

　店内中央には2《ツー》フロアぶち抜きの大きなブッダがドーンと陣取って、その周りには豪華な錦鯉が泳ぎ、ニューヨーカーを大喜びさせている。鎌倉の大仏もＮＹへ出張となれば、ここへ来るにちがいない。

　料理は良心的な値段のエイジアン・フュージョンでまあまあイケる。

　フォーシーズンズ・ホテルの裏の入り口がとなりにあるせいか、なんとなく高級感が漂うエリア。店内はかなり賑やかで、入り口のバーはちょっとクラブのノリ。アジアの神秘をやたらにありがたがる典型的な白人と、それを見て安心する日本人旅行者におおウケの店（←ちょっとイジワル？）。でも、そこがある意味、ＮＹなんだなあと。ニセのアジア＝巨大なニセ大仏があってもいいのは、この街の特権だ。

　軽いノリのニューヨーカーは、タオへ日本人と行きたがるでしょう。

　クラブっぽいノリでも大仏の説明をして、うそでもいいから、ちょっと気分をアジアにしてほしいのです。

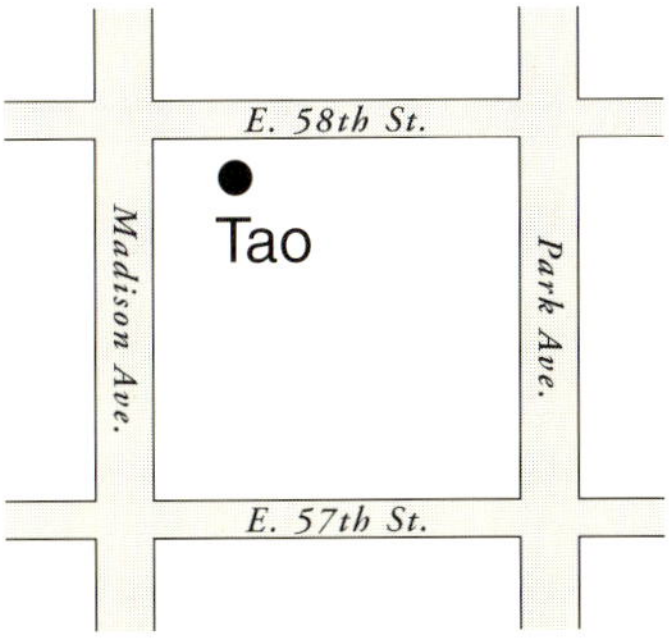

Tao
42 E. 58th St.
TEL (212) 888-2288
★★

ゼノン・タベルナ

ギリシャの「お袋の味」
クイーンズにあり！

私の場合、アテネで食べた本場のギリシャ料理、地中海クルーズで食べたギリシャ料理、パリのサン・ミッシェルあたりの観光客向けのいんちきギリシャ料理、地元横浜のギリシャ料理（結構軒数が多い！）……といろいろ食べてきているが、「私のギリシャ味」はクイーンズにある。

ギリシャ料理を食べに行こう！となると、クイーンズのギリシャ人地区へ直行。

店はいろいろあってどこへ入っても美味しいし、活気があふれている。肉にしろ魚介類（特にイカ）にしろ、素材を生かした家庭風のものが多いのでどれも口にあうのである。

スブラキとかムサカとかが代表的なものとして知られているけど、ここで美味しかったのは、というか初めて食べてヤラレたのは「エッグ・レモン・スープ」。とっても優しく、おかわりしたくなるお袋の味風。レシピがわかったので、今度トライしたい。ところで、アテネ・オリンピックの選手たちは現地でおにぎりを作っていた人もいたようだが、ちゃんと美味しいギリシャ料理も食べられたのであろうか。

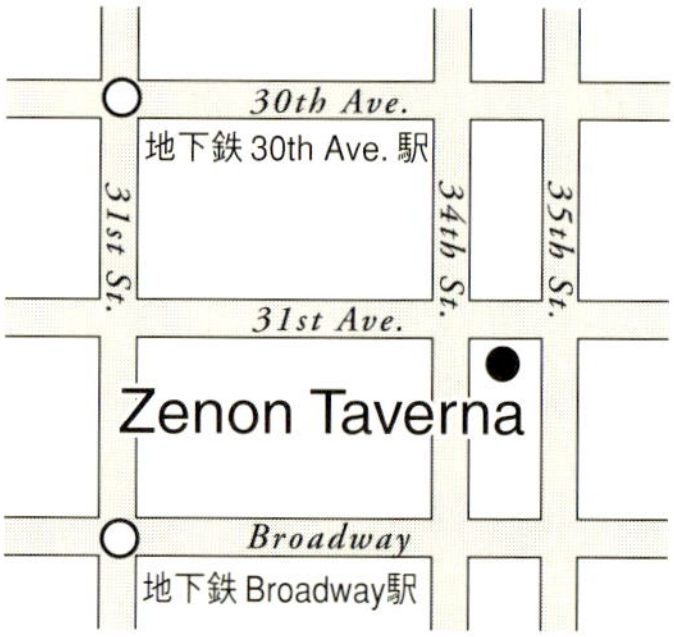

Zenon Taverna
3410 31st. Ave., Astoria
NY 11106
TEL (718)956-0133
★★★

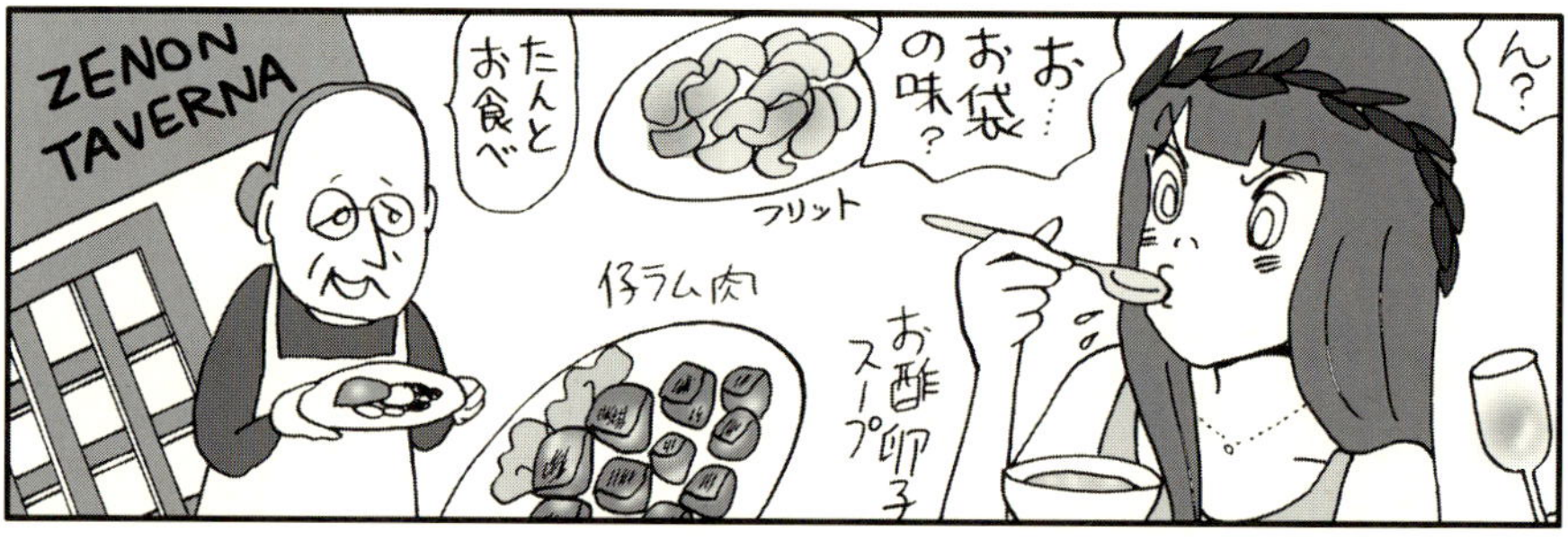

スリプラファイ・タイ・レストラン

リーズナブルだが
皇室関係者御用達の美味しさ！

通称「ウッドサイドのタイ料理屋」。これは地下鉄でも、カーサービスでも、クイーンズまで行く価値がありありのレストランだ。日本人留学生なども多い地域なので、利用者も多いようだ。

質素な作りの街の食堂風だが、味は一流で、タイ皇室関係者がお忍びで来るというのも納得。お手頃で激ウマのため地域の良心的なレストランとして大人気。

牛肉のサラダ、ヤム・ウンセン、各種カレー、どれも生き生きとした旬の味。メニューも豊富。しかも、クイーンズで「私の好きなエスニック料理ベスト3《スリー》」に入る、生姜と鶏を煮込んだスープでごはんを炊いた「チキンライス」に出会えたとは驚き！　もちろん鶏スープ、蒸し鶏に特製ソース＆香菜付きで味のほうも本格的。これを食いに、わざわざシンガポールのマンダリンホテルまで行く必要がなくなったネ。

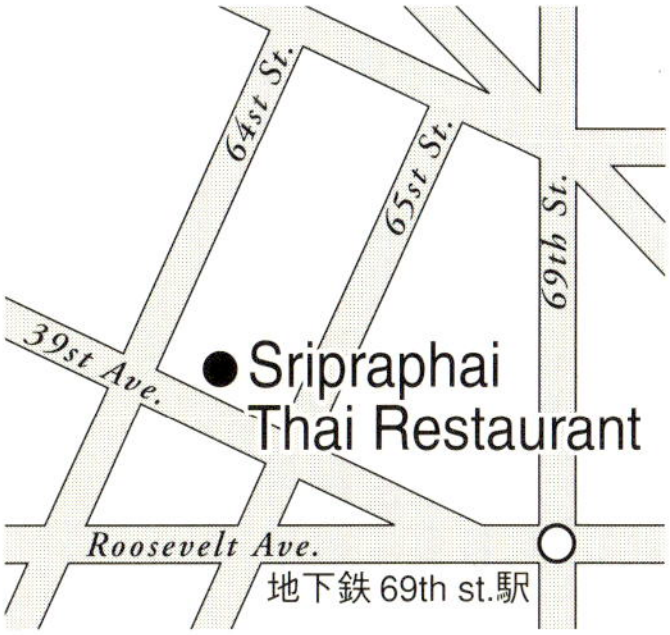

マンハッタンのレストランは、観光客向けにラクに営業している店も多いので、クイーンズあたりで地元民向けの本格的で美味しいものに出会ったりすると、ＮＹの奥深さを実感できる。タイのともちょっとちがう。やっぱりＮＹの味かも。水曜日定休。

Sripraphai Thai Restaurant
6413 39th Ave., Woodside
NY 11377
TEL (718)899-9599
★★★★

バルドゥッチーズ

アッパークラス・マダム気分で常連になってプチ破産!?

ステイ先のフィリップス・クラブに隣接するイタリア系高級デリ。毎日気持ちよくこの店で食材を買っていたが、このままいくと、プチ破産!? ということを知るのに一週間かかった。

そうだよなあ、三〇種類からの地中海料理のお惣菜を毎日ちょっとずつ試し、友人が来ては、中トロのSUSHIをゴチし、毎朝娘に一五ドルのいちごを買わされ、ちょっと天ぷらでも揚げてみようかしらといっては、一尾四ドルのエビ（中）を買い、仔牛のフィレは……いえない値段……東京の紀ノ国屋に近いステイタスがあるといわれるが、ぜんぜんそれ以上。

でも、ここで毎日こんなお買い物していたら、アタシはアッパークラス・マダム。そうよここは、リンカーン・スクエアよ、アッパーウエストよ、いいのよこれで！という感覚になってしまう。

フレッシュな野菜コーナーでは、茎に鈴なりになったブロッコリーも買える。世界のチーズ・コーナー、ケーキ&チョコレート・コーナー、香辛料、肉、パスタ類……すべての商品に選び抜かれたこだわりがある。三種類ある日替わりスープも美味で、たいへんお世話になりました！

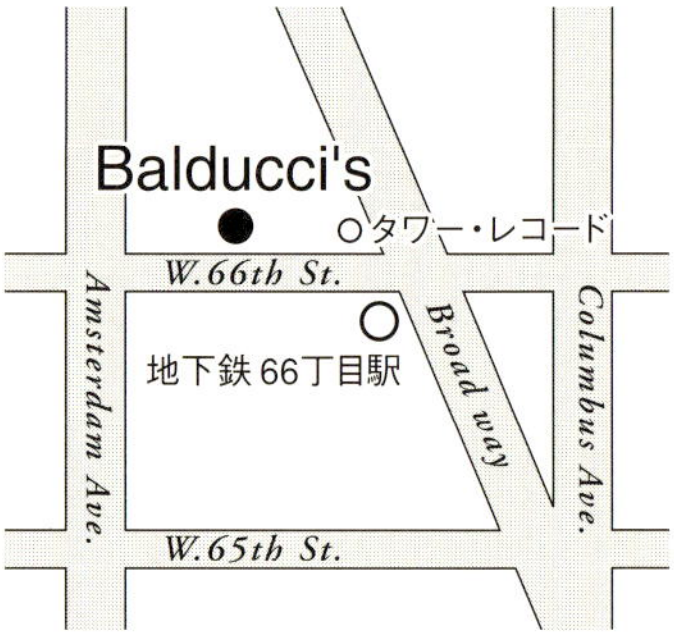

Balducci's
155A W. 66th St.
TEL (212)653-8320
★★★★

レストラン
デリ&スーパー
ホテル
子供と行くショップ&アミューズメント
クラブ&バー
ウイークエンド
ヴァケーション
アトランタ

ゼイバーズ

デリ好き奥様として
世界中のパンを試してみる！

一九三四年創業の老舗《しにせ》。ここでオンライン・ケータリングを頼んでみようと思いつつ、いまだにまったく試していない。デリ好き奥様（私のことだよン）としては、やはりブラブラ八〇丁目まで行って買うのがいいよね。

　ここのウリは高級スモーク・サーモンやキャビア、あとは上級者向けのチーズだから、やたらなものはオンラインでは頼みにくいし。あと私のチェックによればパン。ベーグルからドイツパンなど、もう世界中の豊富な種類のうまそうなパンが、一日に何度も焼き上がっている。イタリアのカノーリもある。普段はなるべくホール・ウィート（全粒粉）のパンを食する私だ。

　ここでは、パンの種類を見ているだけで飽きない。また、コーシャ・フード（ユダヤ教食）コーナーもある。二階はキッチン用品がいっぱい。

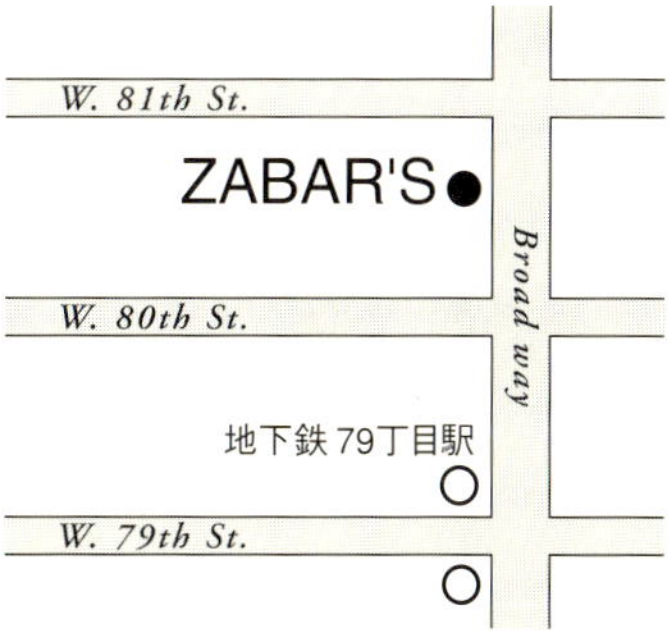

有名店だけに、地元の人ばかりでなく、観光客も来るし、地下鉄を利用して、各方面から週一くらいで買い物に来る熱心な主婦も多い。カフェで一息つけるしね。

　ちなみに、私はぜんぜん好きな映画じゃないけど、『ユー・ガット・メール』でキャサリンがレジを間違える店はここです。

ZABAR'S
2245 Broadway
TEL (212)787-2000
★★★

フェアウェイ

果物の試食で腹いっぱいの
ちゃかり客多し

ゼイバーズ、バルドゥッチーズと並ぶNYの三大デリ／スーパーマーケットの一つ！ といわれているフェアウェイ。でもここは値段はリーズナブル。特に肉・魚・野菜などの生鮮食材が充実していて、遠方から車や地下鉄でやってくる人も多い。そういう暇なばあさん（フロム・ブロンクス）につかまって、話を聞かされたこともある。

二階はオーガニック・フロアになっていて、野菜なども土臭くて本格的。食料品ばかりでなく、自然派化粧品、薬局なども並んでいる。でも広いし、雑然と品物が並んでいるので、最初は選び方や買い方に戸惑う。そして二階の一角にカフェがある。ここがちょっと素敵で通向けっぽい。

スーパーは二四時間営業。店頭に所狭しと並べられている野菜や果物は絵になり、これはもう、アッパーウエストを代表する光景の一つといってもいい。色彩的にもホントに素晴らしく、絵になるから、小学生の写生大会があったら描かせたいくらいだ。とにかく、ここはゼイバーズと並び、アッパーウエスターナーたちの誇るデリで、長時間買い物が楽しめる。だから、住みたいアッパーウエストって感じっス。

ハーレム店は、売り場面積が約三〇〇〇平方メートル！ 恐るべき品揃えと量で、駐車場もあり。

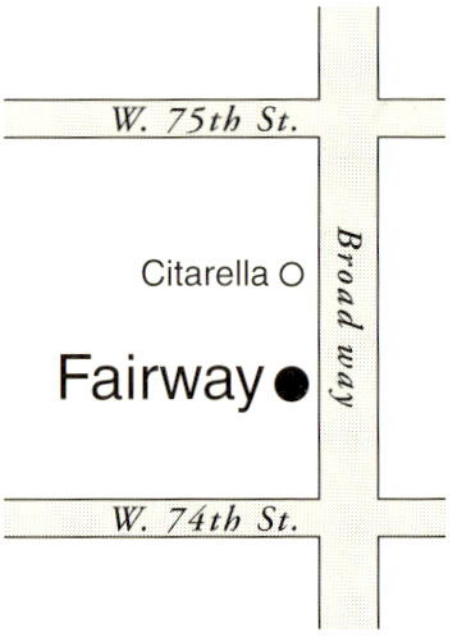

Fairway
Broadway & 74th St.
TEL (212)595-1888
★★★

シタレラ

水族館並みのレアな魚の品揃え！

魚介類が特に充実していて、日本では見られない食材が氷の上にいっぱい並べられ、最も評価の高い鮮魚を扱っていることで有名なスーパー。ちなみに、ミッドタウンのロックフェラー・センター近くにシーフードのレストランをオープンさせた。

　やっぱマジに料理するときはこのお魚を買いたいね。そうだよなあ〜、中華街のちょっとばっちい鮮魚店で魚を買うのは勇気いるもん、ここよりずっと安いとはいえさ。ここはきれいだし、やっぱり買いやすい。

　マンハッタン内に五店舗、郊外に二店舗ある。最新店舗は曰く付きの場所に出された。グリニッチビレッジの六番街に面したそこには、あのバルドゥッチーズがあったのだ。「ディーン＆デルーカ」との入札競争を経て手に入れた店舗は、やはり、魚をメインとしながら、青果や精肉、惣菜やデザート類まで揃えた明るい雰囲気だ。

魚を捌《さば》くのが苦手な人は、さけのハンバーグやまぐろのハンバーグ（生）を買って、家でこんがり焼くのもよいが、せっかくの鮮魚なのだから、自分で捌くか、少なくとも、店の人に頼むような気合を入れて行くべし。私も思わず、ここで大きな生牡蠣《なまがき》をたくさん買ったけど、殻を開けるナイフを探すほうに時間がかかってしまったことがあった。

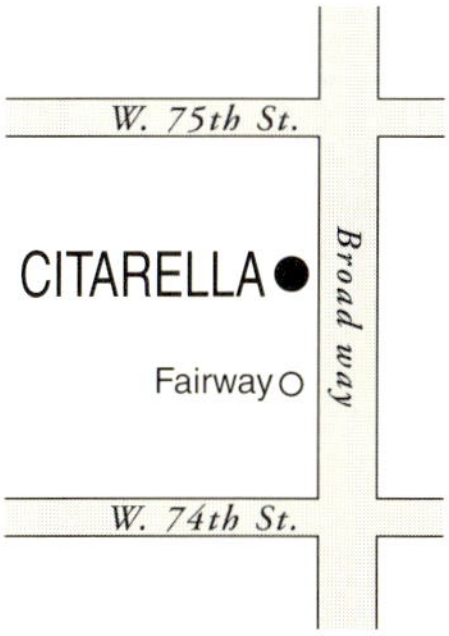

CITARELLA
2135 Broadway
TEL (212)874-0383
★★★★

トランプ・インターナショナル・ホテル＆タワー

イキで威勢のいいセレブなホテル

多くの日本人は、この建物の一階に入っているフレンチ・レストラン「ジャン・ジョルジュ」には行くが、このホテルに泊まる勇気（というアイディア）はないようだ。日本人向けのガイドにはまず載っていないからだろうか。「それではワタクシが！」と宿泊してみたが、ここは大正解。「一見《いちげん》さんお断り」なのかと危惧したが、ネットで予約がとれた。

入り口はキンキラだけど、中はムダがなく上品でシンプル。ちょっとしたセレブな日本人たちは迷わずフォー・シーズンズやピエール、マーサー、あるいは若い子ならW（ユニオンスクエア）に予約を入れるのが普通だが、アッパーウエスト&セントラルパーク好きとしては、その入り口にたたずむこのホテルにチェックインしたい。そりゃあ、高いお金を出せば、いいホテルに泊まれるに決まっているけど、それが自分に合うか合わないかは別。その点ここは、初めて利用したときから私にはとってもカンファタブルで、リピーターとなった。

最初、部屋に入ると、すでに私の名刺ができていたのには感激！ 住所はもちろんOne Central Park West！ やったァ！ そして、書き物机の上では、ディスクトップPCが開かれ、光を放っている。「さあ、世界を相手にビジネスを開始よ！」といわんばかりの意気込み。なぜかコンシェルジュやドアマン

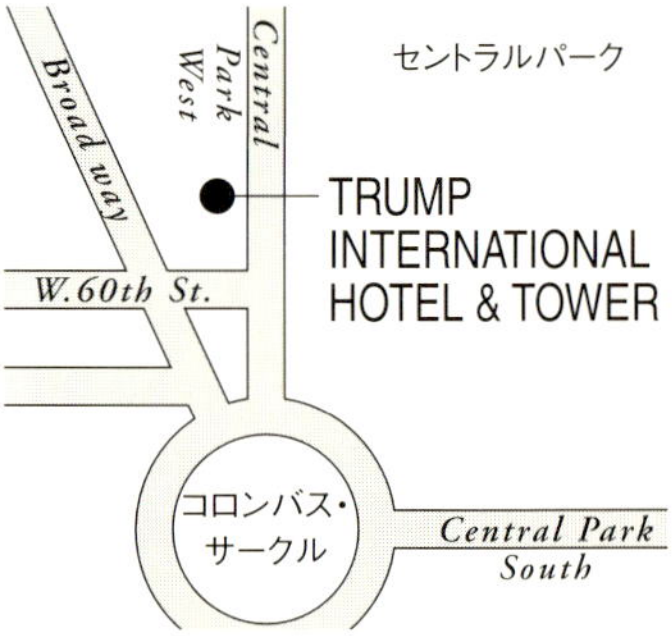

に白人はおらず、かっこいいカラーズたちがテキパキと「マダム！おかえりなさいませ！」と出迎えてくれる。彼らの誇りとヤル気でそのホテルが生き生きとするのは当然のことだ。

そして、テレビ番組でも活躍のスター実業家トランプらしく、ホテル内のミネラル・ウォーターには自分の顔を印刷。他にも麻でできた新聞入れやステイショナリーなどトランプ・グッズがいっぱい。これはまだ試したことがないけれど、食事（ルーム・サービス）は一階のジャン・ジョルジュから料理人が来て作ってくれるし、個人向けバトラー（執事）サービスもある。

ちなみにトランプ・タワーのほうには世界の富豪や有名人たちが居を構えている。早めにホテルを予約すれば、クィーン・サイズのベッドで一泊三九五ドル。いちばん安いスイート（五八〇ドル）には、デッカい壁掛け薄型テレビと本格的な専用キッチンがあって嬉しい。ゴディバのコーヒーとチョコが常備。

TRUMP INTERNATIONAL
HOTEL & TOWER
One Central Park West
TEL (212)299-1000
★★★★☆

フィリップス・クラブ

アッパーウエストで
マダム気取り

やっぱりもともと住んでいたアッパーウエストに家族（夫と娘と三人）でステイしたいので、その界隈《かいわい》の知人に相談したところ、この長期ステイ用アパートメント・ホテルを勧められた。私の借りた部屋は一ベッド、キッチン付き（食器、鍋すべて込み）で家賃一ヵ月八三〇〇ドル（約一〇〇万円）。高エ〜！　しかも銀行振り込みで全額前払いという敷居の高さ。どこに住んでいるのか知らないけれど、宇多田ヒカルのとこの家賃が二〇〇万円という噂だから、きっとここにある広い部屋のほうみたいなカンジかも。そんなもんさ、ＮＹの相場は。

　私の借りた部屋は狭いほうで、約七〇平方メートルほど。家具がイタリア製だという室内はほんとに普通にシック。また、メイドさんが毎日お掃除。タオル＆シーツ類もほぼ毎日替えてくれてホテルのようでカンファタブル。ドアマンもグッド・ルッキンな若いのがつねに四人以上。コンシェルジュは高級ホテル並みに充実。リンカーン・スクエアというロケーションがとにかくよい。

　長期滞在者向けアパートメント・ホテルはマンハッタン内に点在し、家賃もピンキリ。学生向けのリーズナブルな所もあるが、家族で滞在する場合はセキュリティやロケーションなども考えると、ちょっとはりこんだほうがよい（ＪＦＫ空港の乗客係の話では、家族でニューヨークに遊びに来る

人たちは、意外に少ないとのこと。それってあまり家族が住むのに適していないってこと?)。

ここには、ホテルにはない心地よさがあるし、キッチンやメイドやコンシェルジュはやっぱり必要。セントラルパークにも歩いて行けるし、地下鉄の駅(六六丁目)の前でもある。気分転換には、すぐお隣のタワー・レコードがある。その前を走っているブロードウェイを挟んで向かいのバーンズ・アンド・ノーブル(書店)も深夜まで営業。タワーと逆のお隣は高級食料品を扱うバルドゥッチーズ(一二六ページ参照!)。また、長期滞在者は、特典として週三〇ドルで近所のミレニアム・タワー(高級億ション)にあるリーボック・スポーツ・クラブ(やはりかなり高級で巨大)を利用できる。このジムの斜《はす》向かいにはテレビ局があるためNYの有名タレントが多く利用。

THE PHILLPS CLUB

155 W. 66th St.

TEL (212)835-8800

★★★½

セントラルパーク

超大都会の中の大自然は子供と行くと発見多し！

四季折々の自然が本当に素晴らしい。昔は大型犬といっしょに毎日お散歩をしてレイクや噴水で泳がせたりしていた。世界中の犬に出会える。今は子供といっしょで、さらに違った素晴らしい世界が見られる。

○動物園
Central Park Zoo

ここはまずシロクマが有名。水槽の中を泳ぐところを見られたらラッキー。プラザ・アテネに近いほうの入り口から入って、まず目に飛び込んでくるのは、小さな島に見立てた岩場を跳ね回ったり、それを丸く囲むようにした水槽で泳いだりしているアシカたちの姿だ。当然、餌やりの時間には、曲芸を見せてくれる。

チビッコパークのほうへ行くと、ラマや家畜系小動物も放し飼いにされていて、他にも縄を蜘蛛の巣状に張った遊び場があって子供がみんな遊んでいる。

○カルーセル
The Carousel

この回転木馬のオリジナル・デザインは、コニー・アイランドにある。超ハイスピード（ホントに速い）のあっちのカルーセルと違ってちょっとゆっくりめ。回転木馬ってどうしてこうノスタルジックな乗り物なんでしょう。娘は貸し切りで何回も乗り回した。一回一ドル。

○プレイグラウンド
Playgrounds

なんとパーク内に二一ヵ所もあ

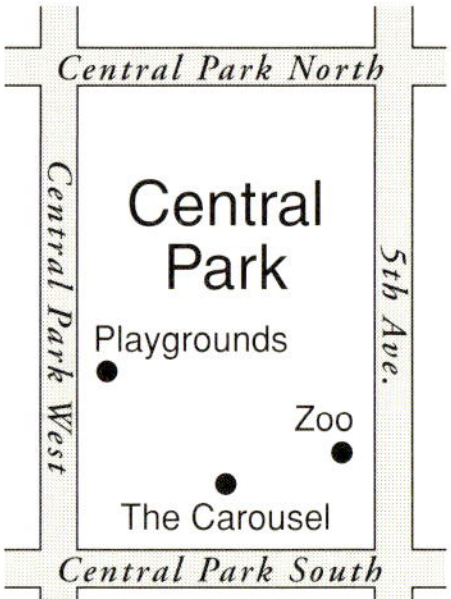

空に向かってブラーン・コ
ブラーン

り、すべてにブランコやジャングルジムなど立派な設備がある。私たちがよく利用したのは小さな子が多いW67プレイグラウンド。しかしこれらは、まずはアッパークラスのお子ちゃまのためにあるといっても過言ではない。子供を連れてきてる父親も口述筆記用のヴォイス・レコーダーを片手に持っていたりして、明らかに普通のお父さんじゃない。

　午前中、天気がいいとアッパーイーストの名門小学校御一行様がスケッチブックを持って「少人数」で引率の教師やセキュリティのガードマンといっしょに現れる。ああ、映画で見たなあ、コッポラ監督の小作品で、エセックス・ハウスに住む金持ちの子供が、アラブの富豪の子息などが同級生で、セントラルパークが校庭がわり、みたいなの。が、ウチの子だって負けていない。日本から持ってきたお砂場セットで一躍人気者に！

Central Park
★★★★★

アメリカン・ガール・プレイス

日本人の人形は
やはりちょぃつり目……

移民大国のアメリカの女の子なら一つは絶対ほしいでしょう、この「分身人形」は。数十種類もタイプがあり、髪、目、肌の色を細かく選べるから必ず自分そっくりな人形に出会える。

ファッションや小物類、ペットや家具も揃っていて、お嬢ちゃまたちは次々にほしくなるでしょうから、もう親の財布はたまりまへん。美容院から病院まであり、小さなお母さんたちは自分の子供みたいな分身の世話をやくのに夢中。

お人形とお揃いの子供服も揃っていて、どの親もそれを買わされていた。

人形の値段は日本円にしたら一万円くらいなのでやはり安くはない。シカゴ発祥のこのお人形ビジネスは今後ますます発展していくでしょう。

やっぱりこれに似たコンセプトの「キャベツ畑人形」はいまいちかわいくなかったもんね。あれからずいぶんたってやっとアメリカン・ガールのハートを満足させられるお人形が誕生したというわけだ。

しかし残念ながら日本には入ってこないでしょう。まずは。

American Girl Place
609 5th Ave. at 49th St.
★★★

トイザラス・タイムズ・スクエア

店内の巨大観覧車にちびっこ超〜大ウケ！

　このタイムズ・スクエア店は、店内中央にぶち抜きの観覧車があって、これが郊外からのおのぼりさんキッズに大人気。遊園地じゃなくて、こんな世界一賑やかな繁華街のおもちゃ屋さんの店内にあるんだからすごい！　子供にとってはたまらないファンタジーだ。二歳以下の子供はタダで、親は二ドル払って長蛇の列に並んで、いざ乗りこんでみると、なんとも納得できないような、これでいいような、不思議な気持ちに。というのも、観覧車はほぼ一回転するごとに乗り換えのために止まってしまうからだ。

　そんなわけで、土日に行くと、ブルックリンやニュージャージーなどからの買い物客で、もうシャレじゃなくごったがえしていて、親子で身動きがとれなくなる。

　以前三四丁目にあった頃は相当さびれていたのに、タイムズ・スクエアに移って、トイザラスは生まれ変わった。子供が行きたがるし、喜ぶからといって、日本でもNYでもトイザラスとディズニー・ストアばっかり行って、適当なものを買い与えて子供を黙らせるという、ダメな親の見本のような私には好都合な場所だ（もっと公園や水族館とかに連れていってあげれば!?）。子供たちのスターがやってくるスペシャル・イヴェントもめじろ押し。

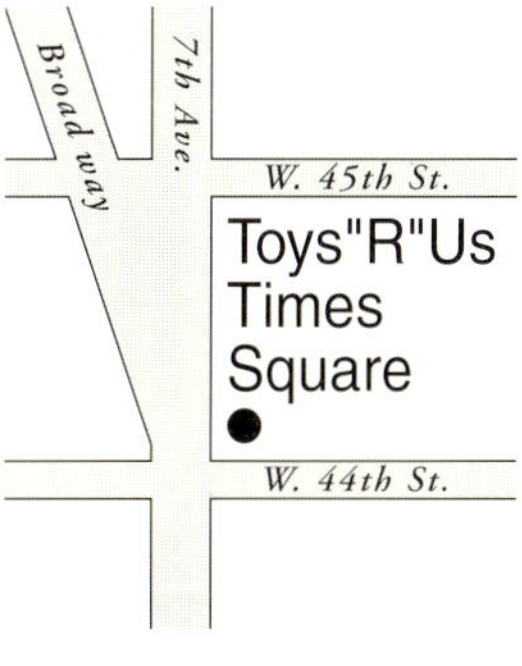

Toys"R"Us Times Square
1514 Broadway
TEL (1)800-toysrus
★★★

ブロンクス・ズー

そこにあったのは
アフリカのプチ・サバンナ！

広いとは聞いていたが、ここまでとは……。その辺のゴルフ場よりもよほど広く、場所によっては園内からブロンクスのプロジェクト（低所得者向け高層住宅）が垣間見える。こんなところでアフリカ帰りの私がワイルドライフを満喫できるとは……といった感じ。

ナミビアのエトーシャ国立公園もゲームドライブの際、動物が出稼ぎ中か⁉　と思うほど見当たらなかったが、ここの動物園も同様。私が出かけたのは一二月で寒く、ゾウなどは冬期専用（？）の暖房の効いた屋内の檻の中に移され、さすがに戸外は寂しい感じ。アフリカでさえ、現実にはケニアのマサイマラみたいに動物がうじゃうじゃ出てくるわけではないので、この閑散としただだっ広い動物園はへんにリアリティがあった。

とにかく冬は寒いので、熱帯雨林の温室をハシゴして暖をとりつつ荒野を進む……そんなカンジ。フラミンゴもさぞかし寒かろう。

一一月から三月は、大人一人六ドル、二人で一〇ドル（四月から一〇月は大人七ドル七五セント）。二歳未満はタダ、水曜日はサービスデー（というかホントは寄付金を払ってほしい模様）。

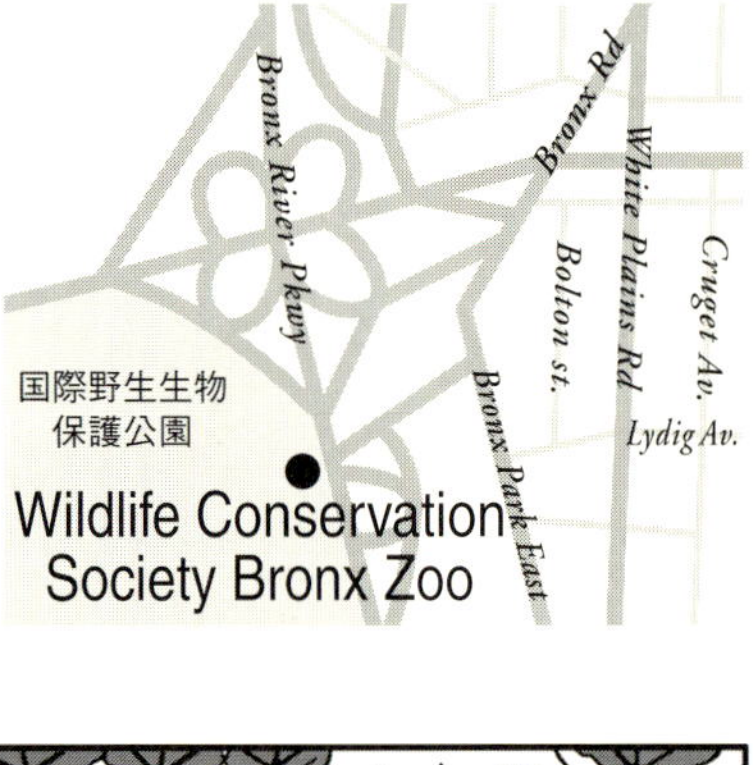

Wildlife Conservation Society Bronx Zoo
2300 Southern Blvd.
Bronx, NY 10460
★★★★

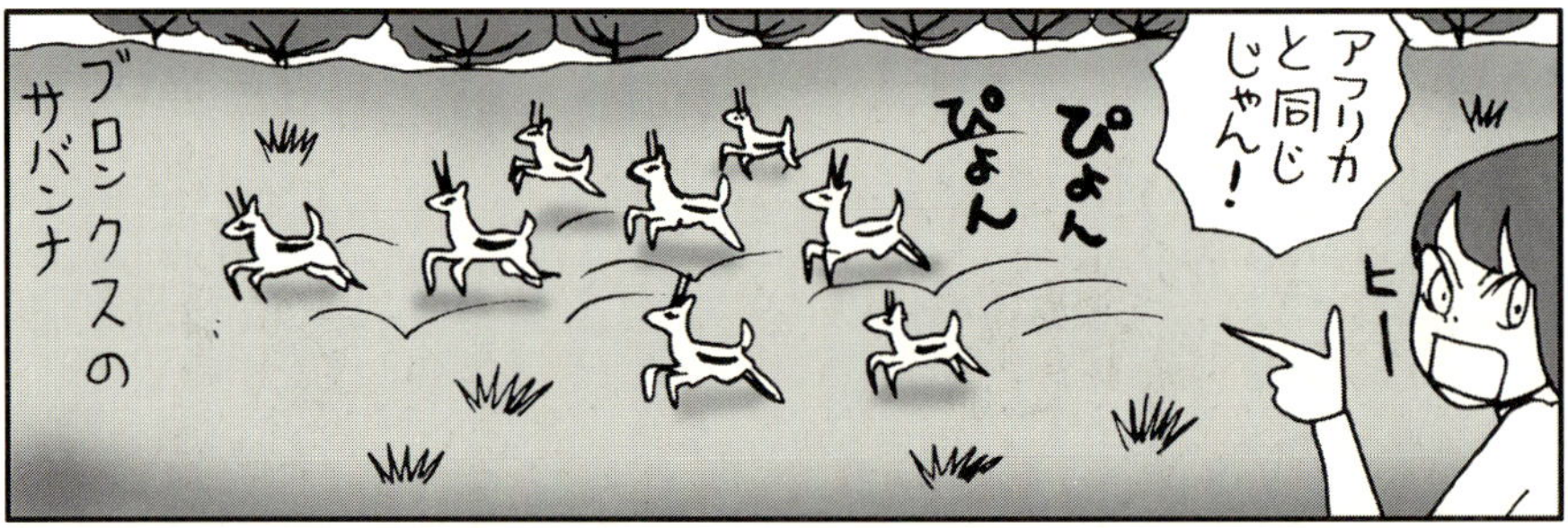

ニューヨーク水族館

アシカショーで大ウケ！
セイウチにギクリ！

ブルックリンのはずれのコニー・アイランドにある。地下鉄をブルックリンでいったん乗り換えて、電車が地上に出てしばらく走った頃から、乗り込んでくる客の話す言葉が、米語ではなくモロにロシア語になったり、東欧系の言葉になったりするので、余計に遠く感じる。

コニー・アイランドのビーチ＆ボードウォークや遊園地（アメリカ最古の木造ジェットコースター、サイクロンでお馴染みのアストロランド）での観光込みで、一日がかり。この水族館の開館は一八九六年と非常に古く、一〇〇年以上の歴史を持っている。呼び物の「アシカショー」はみんな家族で大ウケ。館内の大きな水槽の中では巨大な雄のセイウチが……変な話ですが、一部が性的に興奮した状態（これも巨大です）でグオングオン泳ぐのを見て、ちょっと困ったというか何というか、でもアメリカ人のお母さんたちが困っていないのを見て、この程度のものならテレビのディスカヴァー・チャンネルでもやっていることなので、アメリカでは普通に納得できることなのだろう。住処《すみか》は人工的でも本人は自然のままで。そういえば、新江ノ島水族館の人気者、ナミゾウくんはどうしているかなあ。

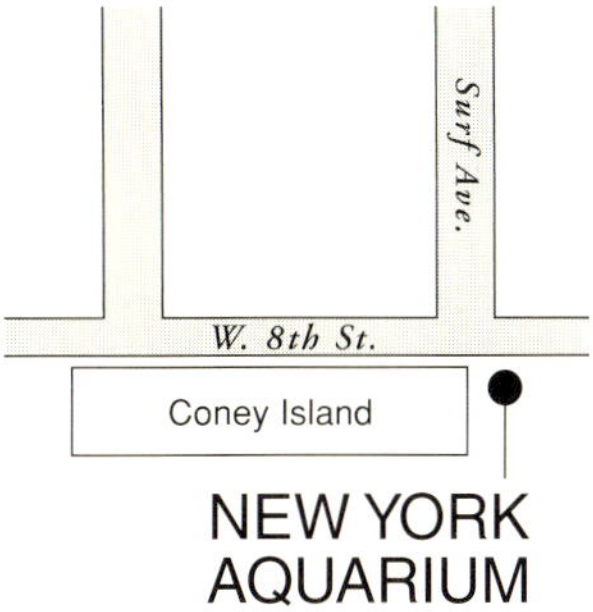

NEW YORK AQUARIUM
Surf Avenue & W. 8th St.
Brooklyn, NY 11224
★★★

ハドソン・ホテル・メイン・バー

ここで中盛り上がりしてから
アソビ行くぞ〜！

あのP・ディディ（パフ・ダディ）も時おり現れるというウワサを聞いて、さっそく行ってみたが、いませんでした（泣）。ドハデな彼のお母さん（パツキンのカツラにドレス）になら、彼自身がプロデュースしたレストラン「ジャスティン（＝彼の息子の名前です）」へ行けば、かなりの確率で会えるかもしれないけど。

このバーの床に貼られた半透明の色ガラスのパネルの下からは照明が穏やかに光り、独特の雰囲気を作っているアンティークやモダンな椅子が無造作に並び、クラブのVIPルーム風の作りなので、アソビ慣れていない人にはちとキツイかも。

でも、ハドソン・ホテルそのものはJTBツアーにも入っているからだいじょうぶ。デザインは、ガラスと色彩で有名な建築家で、日本でもお馴染みのフィリップ・スタルクによるもの。コンシェルジュ近くの巨大シャンデリアもステキ。やっぱりホテルの入り口にはシャンデリアよね。

で、そのP・ディディには、来日時に取材するという夫についていって、帝国ホテルで会えました。でも「ちょっとパフィ！　私たちもサンクスギビングにロングアイランドの大邸宅での超ブリンブリンなホームパーティに呼んでクレ!!」とはいえなかったけど……。

HUDSON HOTEL
356 W. 58th St.
TEL (212)5546000
★★

ル・スーク

水パイプふかして気分はアラビア〜ン

アラブ風のオシャレでちょっとあやしいクラブ。みんな真夜中に水パイプ（フッカーとかシャーシャとかいう）を吸う。でも一回二五ドルとはちとお高いのでは？ モロッコでもみんなプカ〜と吸っていたのを思い出すけど。

ここは広くはないけど一階、庭、地下と空間が広がり、よく見ると内装もナニゲに凝っていて造りも面白い。

曲は当然アラブ・ミュージックではなく普通にハヤリのラウンジ〜ハウス系で大音量。ちょっと前の曲もノリノリでかかるところもうれしい。

つねに誰かがシャンパンを開けてピュ〜ピュ〜盛り上がり、混んでいるがテーブル席やソファに座ることもできる。エントランスには小さくてハヤリのクラブ特有の風景が……モデルの男の子たちがちょいとバイトで客引きなのか、客選びなのか、立っていて雰囲気を出している。

アラブ系のお客が多いわけではなくアジア系や黒人など、人種は様々。白人の水パイプ・マニアもこぞって訪れる。

文化人の大金持ちのじいさんと友達になりました。ここで、ハイ。入場料二五ドル。

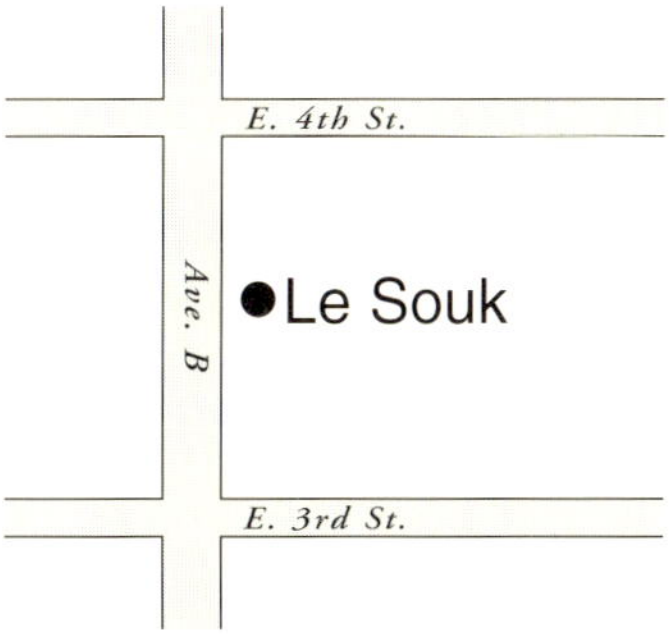

Le Souk
E. 4th St. & Ave. B
TEL (212)777-5454
★★★

AOL・タイム・ワーナー・センター

マンハッタン初の ショッピング・モール！

セントラルパークの南西に位置するコロンバス・サークルに出現したタイム・ワーナー・センターはニューヨークの新しいランドマークだ。

八〇階建てのツイン・タワーが特徴でマンダリン・オリエンタル・ホテルやショッピング・モール、レストラン、高級コンドミニアム、会員制スポーツ・ジム、オフィス、ジャズ専門のホールもあり巨大複合施設だ。

NYの真ん中でこんなどでかいモールができるとは驚きである。普通こういうのは地方にあるのだが。中でもうれしいのはホール・フーズ・マーケット。よくLAでは車を飛ばして行ったけど、まさかNYにできるとは。オーガニック・フードの品揃えが豊富でうれしい。

高級日本料理屋「MASA」に行ってみたかったけど、オープン時は一見《いちげん》さんお断り系で予約すらとれず。ニアミスで「アイアン・シェフ＝料理の鉄人」の仕掛け人小山薫堂氏が「知りあいが店出したんでNYまでわざわざ行ってきたよ。やっぱうまかった」だって。ああ、そうですか、小山君ならねえ、へーへー、と、ちょっとおもしろくなくなってしまった私でした。

Time warner center
10 Columbus Circle
★★★

ロシア風呂

世界中の人たちと裸で付き合う カルチャー・ショック！

カルチャー・ショックで死にそうになる人続出のこのロシア風呂。一〇〇年もの歴史があるこの岩風呂を数年前にフジテレビの「メトロポリタン　ジャーニー」という番組で私が紹介したら、萬田久子と野沢直子が体験ルポをして大騒ぎとなった。

サウナ内はもう洞窟の中といった状況で、一応裸電球が二個ぶら下がっているが、薄暗〜いの。そして、キョーレツに暑い！　そこに蛇口を開けっ放しの水道があり、ガンガン流れる水をザーザー頭からぶっかぶりながら、樫《かし》の葉の束で見ず知らずの客同士、体をバシバシ叩きあう。日本のスポーツ・クラブやゴルフ場の明るく豪華なサウナに慣れている人にとっては、相当ハード。でも効果は抜群、お肌ツルツル。ロシアン・オヤージばかりではなく、イイ男もいっぱい見られるとの情報も寄せられている。

食堂のフレッシュ・レモンジュースとピロシキはお試しの価値あり。年中無休で、普段の営業は一一時〜二二時で、土曜日のみ七時〜二二時、日曜日がメンズデイ七時三〇分〜一六時、水曜日がレディースデイ九時〜一四時。値段は税込み大人一人一日二二ドルです。施設は、洞窟のロシア式サウナ、スチームサウナ、ドライサウナ、冷水プール(死海風呂)。

RUSSIAN&TURKISH BATHS
268 E.10th St.
(between 1st Ave.& Ave.A)
★★★★★

グラウンド・ゼロ

神聖なる観光スポットに
追悼の意を

この歴史的傷跡、世界の価値観の逆転現場をこの目で見なければならない。追悼の意も捧げたい。NYに数年暮らした私にとってマンハッタンは第二のホームタウン。日本にいて行けなかった一年数ヵ月は焦燥感がつのった。とにかくこの目で見なければ。ここは神聖なる観光スポットになっていて、世界中から多くの観光客が訪れる。

　しかし行ってみると、ただの巨大な工事現場。このまま工事が進んで「ほんとにWTCは存在したのか？」と夢のようにも思えてくる日がやってきたら悲しい。ここに巨大ビルが建てられる呆れたプランには「懲りないグローバル野郎達」としかいいようがないのである。

　ところで、タクシードライバーに「グラウンド・ゼロまで」とはいいにくいこと極まりない。後に「センチュリー21まで」ということがお約束になっていると知った。真ん前ですから。

　そして日本に帰国後、うちの近所で今頃ビンラディンTシャツを着てほか弁を買っているオタク風の男を発見。

　なんだかNYがすごく遠く感じられた。

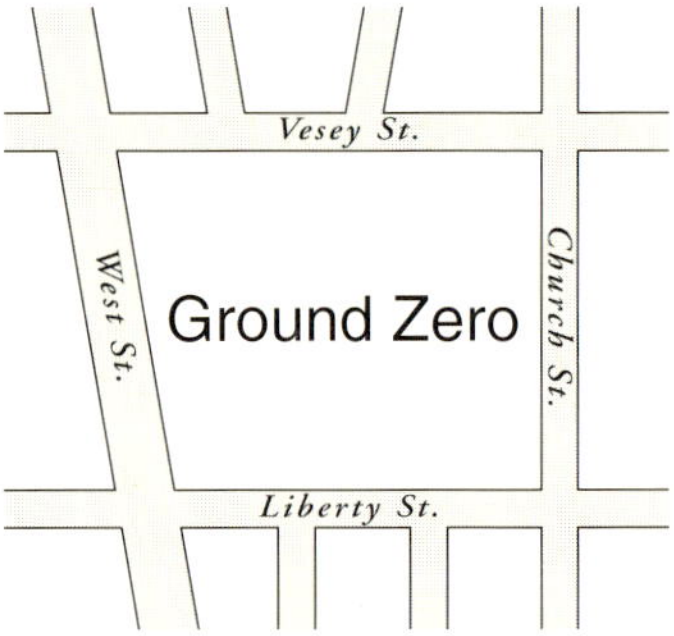

Ground Zero
★★★

センチュリー21

「試着満員電車」を体験！

ケイン・コスギがCMをやっている不動産屋（アメリカの大手リアル・エステイト）のほうではなく、NYでは有名な大型ディスカウント・デパート。二〇〇二年以降、グラウンド・ゼロ見学の帰りに立ち寄る人も多い。

たしかに安くて、これでもか！　という品揃え。ブランド品もいっぱいあるのだが、LLサイズばかりだったり、汚れていたり、平気でノビきっていたりする。靴も激安で、若いニューヨーカーたちの強い味方に。三〜四足ずつ買っているもんネ、みんな。そりゃあさ、みんながみんな、バーニーズで買えるわきゃないんだから。

ここですごいのは試着室。個室のカーテンなんかないよ。一回だけ入ってみたけど、細長〜い部屋の中で五〇人くらいが一斉に着替える試着満員電車！　ここでパンツいっちょになって堂々と着替えられないと、ニューヨーカーとはいえないんだぜ！　と「ヴィレッジ・ヴォイス」誌に書いてあった。

私は大人の服は買う気になれないけど、子供服、特にベビー・ウェアが安くて可愛い。種類も豊富。ブランド物も多く、トミー・ヒルフィガーやラルフ・ローレンなども激安。無名のものでもかなり可愛い。でもな〜、一回洗ってから着せたほうがいいかも。

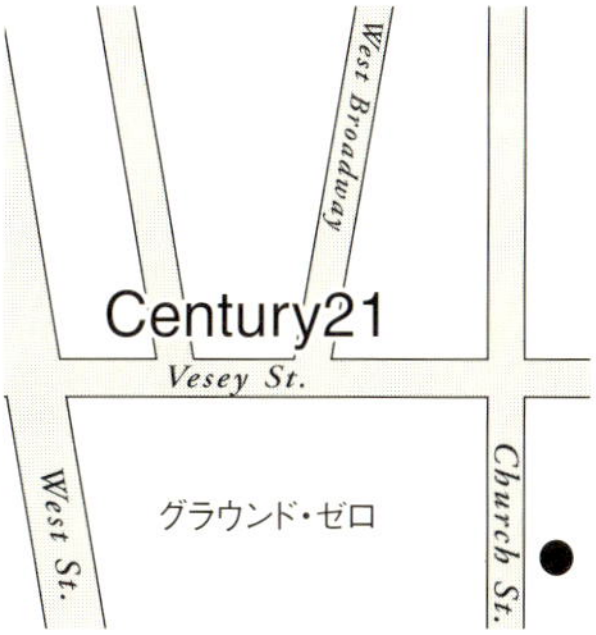

Century21
22 Cortlandt St.
TEL (212)227-9092
★★

ドミニカ共和国

英語も通じず！ スペイン語でリゾート！ 挨拶は「オラ〜！」

カリブ海の島の中では日本人にはあまり馴染みのないリゾート・アイランド。だが、バハマ（二回）、ジャマイカ（二回）、バルバドス（二回）、バミューダ（一回）と経験してきた私は、行きやすさという点と、スペイン語圏という珍しさから、今回はドミニカ共和国を選んだ。ホントはキューバに行きたかったけど、アメリカからは第三国経由が義務づけられていて、入国が面倒なので先送りに。とりあえずここは大正解。

NYからカリブ・リゾートに行きたいけど、どこへ行っていいかわからないという場合は、マンハッタンの旅行代理店で相談するのがベスト。日本語で相談したければJTBなどもある。予算、日程などで「この時期はここらへんはいかがでしょう」と見積もりを出してくれる。

今回私が相談したのは、大手チェーンのリバティ・トラベル。クルーズもあれば、豪華な個人旅行もある。私たちは幼児を含む家族三人で、オール・インクルーシブ（朝昼晩三食、プールサイドでの飲食、アトラクション、ビーチでのタオルやカウチなどすべて込み）で、八日間二五〇〇ドルくらい、という条件で相談した。ヴァケーション・シーズンでなければ、それほど高くない。それにしても、JFK空港から「日本へ帰る」のではなく「暖かいカリブに向かう」ときの気持ちって……もう空港に向かうタクシーの中から

「たまりまへんなあ！」といつも思う！

　ドミニカは、ヨーロッパからの客ばかりで、アメリカ人は肩身が狭い。ホテルの従業員なら誰でも英語が通じるというわけではない。首都のサント・ドミンゴで、日本人には（大使公邸で）大勢会ったが、このリゾート地帯ではゼロ（それも当然といえば当然。実際、統計上一年間に訪れる日本人観光客は平均三七〇人だとか）。フランス語を話す中国人カップルを見たくらいで、そのため、私たちもパリから来ていると思われていたらしい。

　それにしても、カリブの気候はホントに素晴らしいですなあ。どうしてＮＹの冬や日本の梅雨とかってもんが存在すんの？　と考えると不公平に思えてくる。今回の旅は、リバティ・トラベルの手配で行ったのに、私は旅先では何かと強運で、超大金持ちの邸宅に招待され、ヘリに乗ったり、ポロを見たりといい経験もさせてもらった。ここはキューバと並んで葉巻が名産。

DOMINICAN REPUBLIC
★★★★

グラン・パラダイス・ババーロ

どの部屋からも歩いてビーチに プールのバーも素敵！

比較的新しいホテルで、きれいでゆったりしている。どの部屋からも歩いて美しいビーチに直行できるのがうれしい。みんなが砂だらけで廊下を歩いても、つねにお掃除してくれているので清潔。

　時期にもよるだろうが、プンタ・カナのビーチの波は比較的荒く、バハマのように遠浅で、のんびり海に浮かぶという感じではなく、まともに泳がなくてはならない。ビーチではドイツ語、フランス語、英語少々が飛び交う。

　プールのバーも素敵。ここにはチャイニーズ・レストランもあるが、(スプリング)エッグ・ロール(=春巻き)が通じないし、ていうか英語が通じない世界だから仕方ないし、謎の料理が多い。アフリカの僻地でもどこでも、なぜか中華料理店はある。私は「世界中の謎の中華」を食してきているので、ここのヘンテコ料理にはビックリしなかったけど。

　メインのレストランでは、カリビアン〜ヨーロピアンな料理が豪華に並ぶ。こういうリゾートに来ると、いつも思うけど、三食とも食べ放題のビュッフェ・スタイルは美味しい物だけとるというコツこそ覚えるが、だんだんありがたみが減ってくる感はある。

Grand Paradise Bavaro
Bavaro Punta Cana
Dominican Republic
TEL (809)221-2121
★★★

ホテル・ババーロ・プリンセス

全室ヴィラ風！
中庭にはフラミンゴ、夜はライブ

スペインのホテル王が経営するプリンセス・ホテル・チェーンのひとつ。ここは全室ヴィラ風の二階建てが立ち並ぶ。私たちは二階部分に泊まった。中はなかなかゴージャスな凝った造りで楽しめる。ただ、敷地が広大なため、ビーチに面してはいても、歩いていくのは一苦労。大きめのゴルフ・カートのようなシャトル・バスにみんなで乗り込んで行く。

ビーチではブレイド（かなり平たくいえば、レゲエの三つ編みみたいなの）を編むおばさんらが待ちかまえ、結構なお値段。ジャマイカではタダ同然だったのに。また、ダンス指導もある。英語も日本語も聞こえない中で遊んでいると、NYからほんの四時間だというのに、距離ではなく文化的に遠くまで来ているんだなあと実感。

ホテルの中庭ではフラミンゴが優雅に羽を伸ばし、夜は毎晩賑やかなライブに各国の家族が興じり、となりのホテルのカジノまで足を伸ばしたりして。まあ私は旅先でちょこっとだけやって、ビギナーズ・ラックがあれば儲け（でも結構ある）！　という程度だから可愛いものです。

このホテルのヘリポートに例の大金持ちのヘリでサント・ドミンゴから帰ったら、「国家の要人」と間違えられて面白かった。

Hotel Bavaro Princess
★★★

アンソニーズ

優雅な南部ハイソサエティー気分満喫

一七九七年当時のプランテーション・ハウスをそのまま生かした、ゆったりとした一二のダイニングルームからなるレストラン。ここへはリムジンで優雅に登場したい。

サーブされるのは、新鮮な食材を使ったフレンチ・テイストの南部風アメリカン・キュイジーヌ。優雅なアンティーク調インテリアや照明を楽しみながらいただくお料理は最高。お肉もシーフードもメニューが豊富なうえに、どれも量がたっぷりめなので、いくら美味でもフルコース残さず、全部いただくのは難しい。デザートにはアトランタ名物の桃を使ったものもある。

ドレスアップして、大人どうしでゆっくり食事を楽しみたいとき、ここは最高のシチュエーションだ。ウェイティング・ルームには、ビビアン・リー扮するスカーレット・オハラの肖像画が飾ってあり、また、雰囲気を盛り上げる。

さらに豊富なセレクションのワインもこの店の自慢の一つ。超スペシャル・ケーキのオーダーも可。バックヘッドのハイソサエティ坊ちゃん嬢ちゃんたちが、お誕生日や結婚パーティーをする由緒正しき人気レストランでもある。

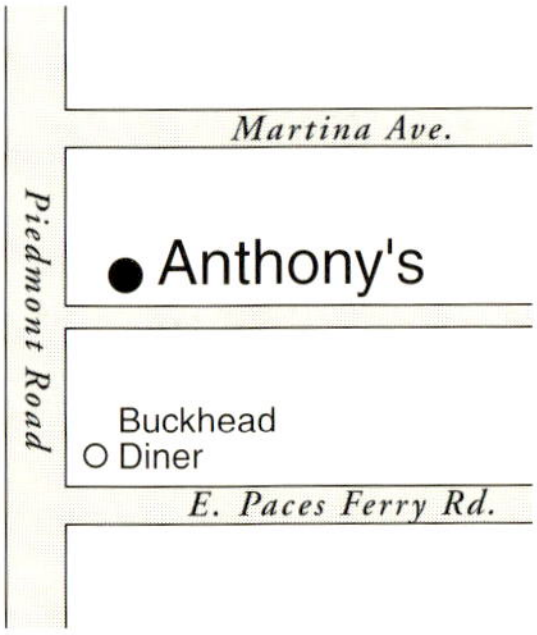

Anthony's
3109 Piedmont Rd.
Atlanta, GA
TEL (404)262-7379 (E. Paces Ferry Rd. とMartina Ave. の間)
★★★★

バックヘッド・ダイナー

これぞ夢のアメリカンな
イカすダイナー！

バックヘッドは、アトランタを代表する高級住宅街。そしてここは、ついに男性と結婚し、なおかつ貴族の称号もほしいままにしている、あのエルトン・ジョンのお気に入りとしても有名なレストラン。彼はここからしょっちゅう出前もとるほど。

　アトランタのオシャレで陽気な人たちが集い、サザン・ホスピタリティに溢れた雰囲気とサービス。いかにもアメリカのスノッブなダイナーというネオンの縁取りが印象的な外観と理想的なモダン・インテリア。見た目も味も大満足で、値段もちょうどいい感じ。

　おすすめは、自家製ポテトチップスにブルーチーズをかけたアペタイザー！　もう絶句……。思わず目を細めて「まいう～」とバカなことをいいたくなるほど大満足。メインは、アメリカンなメニューが並び、でっかいミートボールがゴロゴロのパスタもイケる。

大人気のため、予約は受け付けていないので、その待ち時間に、みんなステキなバーで一杯。店内に飾られたセレブの写真を眺めるのも楽しい（なんと私のサイン入り写真も飾っていただいております！）。Tシャツや帽子などおみやげも売っています。

Buckhead Diner
3073 Piedmont Rd.
Atlanta, GA
(E. Paces Ferry Rd. との角)
TEL (404)262-3336
★★★

CNNスタジオ・ツアー

国際政治「うるさ型」にもってこいのスポット

アトランタ観光コースではお約束のスポットではありますが、一見の価値ありあり！　テッド・ターナー氏が開設し「世界を変えた！」といわれる初のニュース専門ＴＶ局ということはあまりにも有名。

創設以来、激動の国際政治を中心に様々な情報を世界に発信。私たちが衛星放送やケーブルＴＶで毎日見ているＣＮＮの、そのスタジオで、ナマのメディア発信の現場を見ることができる。しかも、運が良ければニュース・キャスターに廊下ですれ違って、ついでにお話できるかもしれないのだからオイシイ！

彼女たちの視聴者は世界中の人々！　日本の「ショボい局アナ」とは違いすぎ！　個人的にはアンカーのサチ・コトさんとお知り合いになれたので、彼女のお仕事を見たかったけど、タイミングが合いませんでした。

通常のツアー内容は（一）展示室でＣＮＮの歴史のお勉強、（二）コントロール室でメディア発信のハイテク機器の見学、（三）特撮や特殊効果などの見学、（四）メイン・ニュース・ルームで実際にキャスターがニュースを読み上げている現場をナマで見る！　現場の緊張感も伝わってきてワクワクする。だって内容はたった今世界で起こっていることなんですもの。

そして仕上げはＭＧＭ映画のおみやげを販売している「ターナー・ストア」でのショッピングです。おみやげに「パワー・パフ・ガールズ」のＴシャツでも買っとく？　って感じです。

CNN studio Tour
TEL (212) 827-2300
★★★★

カーター・センター

元大統領に会えるかもしれないよ

ジミー・カーター元大統領の現在の活動拠点であるが、氏に関するミュージアムでもある。父親から受け継いだピーナッツ農園を経営し、結婚～州知事～大統領へ、といった氏の歴史。

一九七七～八一年の大統領時代は、不況と失業者の対策に力を入れた。また、中東和平への貢献に関する写真や解説、家族の写真、大統領就任パレードの模様をとらえた大きな写真パネル、オーバル・ルーム（大統領執務室）の再現、アンディ・ウォーホルによるポートレイトなど、見どころがいっぱい。

二〇〇二年にノーベル平和賞を受賞したカーター氏は、現在も引き続き大統領時代の経験とネットワークを活かし、世界中の人々が平和に暮らせるようにボランティア活動を行っている。特にアフリカの寄生虫病などの問題に力を注ぎ、撲滅の方向に向かっている。

また、スーベニア・ショップにはカーター・ボールペンやレター・セットなどレア・アイテムが揃っている。カーター氏のオフィスもここにあり、アポイントを入れていただき、お会いできて、感激。

オフィス内のガラスには、鳥がガラスにぶつからないように「鳥シール」がはられ、その向こうには見事な日本庭園が広がっている。親日派でも知られる氏らしい趣味である。

私の書いた氏のマンガが、ここに展示されることを、ズーズーしくも夢見ている。

The Carter Center
One Capenhill Atlanta, GA
TEL (212) 420-5100
★★★★★

ワールド・オブ・コカ・コーラ

コーラの歴史はアメリカの歴史！

私はありがたくも、VIPツアーというコースで見学させていただいたため、専属ガイド&カメラマンがつくわ、コーラは作らせてくれるわの、感激の特別大サービスを受けたのでありました。

ここはアトランタ観光では外せないスポットの一つで、観光客の九〇パーセントはここへ来て、そのうち九五パーセントの人が最後に出口のスーベニア・ショップでコラ・コーラ時計やキーホルダー等アトランタみやげを買うのである（数値は私の勝手な推測による）。

コーラの歴史も学べて、五〇年代のボトルや広告ポスター等のレア・アイテムが展示されていて、インダストリアル的にもグラフィック的にもアメリカのセンスの進化を知ることができる。

このミュージアムでは、コカ・コーラの歴史だけでなくアメリカ人の発明根性、開拓魂、ビジネス精神のすべてが網羅されているというわけだ。

お試しコーナーでは小さい紙コップで、世界各国のコーラの味を試すことができて「うまい」だの「キモい」だの「変わった味！」だの騒いで盛り上がる。中東やアジアなんかでは見たこともないデザインや味のものがあって、お国柄が出ていて興味深い。

余計なお世話だが、ペプシのミュージアムもどっかにあって、それもここのマネっぽいのかな、なんて思ったりして。

World of Coca-Cola Atlanta
55 Martin Luther King, Jr. Drive
Atlanta, GA
TEL (770)578-4325
★★★

マーガレット・ミッチェル記念館

作家が暮らした実際の家の中を見れば もう女流文豪気分！

ここもアトランタ観光では外せないスポットだ。

やっぱ、アトランタといえば『風と共に去りぬ（Gone With The Wind）』でっしゃろ？　みたいな（急に関西人）。私の母の世代は特にヤラれているため、私がアトランタに行くといったら、まず「記念館で写真をいっぱい撮ってきて！」といわれた。

たしかにあの時代にしてはものすごいスケールの大作映画であったことは、この記念館のメイキング写真を見ればわかる。

映画が、アジア、ヨーロッパ等各国で公開された際に作られた宣伝ポスターもいろいろ展示されている。

この記念館は二度も放火にあったが、難を逃れており、実際にマーガレット・ミッチェルが暮らした部屋を再現した見学コースはアンティーク、お皿、トースターなどキッチン用品も当時のものでうめつくされていて、時代を感じさせられる。

そんなわけで、ファンにはたまらない魅力の記念館である。ガイドを頼めば、全部説明しながら案内してくれる。

また、あのマーティン・ルーサー・キング牧師のコーナーもあり、充実している。

なお、アトランタを訪れた際は、キング牧師の生家にもぜひ立ち寄るべし。

MARGARET MITCHELL HOUSE & MUSEUM
990 Peachtree Street, Atlanta, GA
★★★★

ロッキー・リッジ・ステイブルズ

地下鉄で行ける乗馬クラブ！

地下鉄でも行ける乗馬クラブ！(行ってないけど)。

案内してくれるのは、運がよければオーナーのロジャー・ノリスとガールフレンドのスーザン。やっぱ開拓者精神のある男は自分で馬を所有し、いつでも乗りたい放題の馬場なり牧場を持っていないと――という精神から始めたロジャーさんのこの仕事。ご本人は五〇代で俳優のようにかっこいい雰囲気が漂う。

ウエスタン・スタイルの自然と一体化の乗馬は気取っていなくていいし、家族で行けてジーパンでいいから気軽だ。森林で馬にゆっくり乗っていると日常のゴタゴタをすべて忘れ、開放的な気分になれる。

が、しかし、映画での真田広之みたいにガーッ、パカパカと走らせることはムリなので「もっとうまくならねば」という焦りもつのるのである。

馬は人の心を読むのでこちらも慎重におつきあいさせていただかないと。今後少しずつ乗馬に挑戦していきたい。

だって「趣味はゴルフ」だけじゃ、ただのオヤジ（ギャル）なんで「趣味は乗馬。私はウエスタン派なの」なんてサラリといってみたいじゃあーりませんか！　ねえ、日本のみなさん。

Rocky Ridge Stables
225 Wooten Court Canton,
Georgia
TEL (770)479-9821
★★★★

テッドズ・モンタナ・グリル

バイソン肉を食って
アメリカのデカさを知る！

いわずと知れたテッド・ターナー氏が、ランチ（牧場）から経営し、そこで育てられた牛の肉を供する、こだわりのステーキ＆ハンバーガー・レストラン。

アトランタにも数軒あるが、オハイオ、コロラド、ケンタッキー、アラバマなど、中南部を中心に一五州にも広がる巨大チェーン店。ここは二〇〇パーセントアメリカン！　でキモチよい。当たり前だが、アメリカ以外の要素は一つもない。

北米に生息する巨大牛バイソン。その肉をレモン・バターを乗せたテンダーロイン・フィレ・ステーキに、ミートローフに、シチューに、ベーコンたっぷりのハンバーガーにして、手ごろなお値段でガンガン食うわけだから、もうキモチもデッカクなってしまう。普通のビーフもあるけれど、ここへきたらやっぱ鉄分の多い濃い味のバイソン肉でしょう。

ガーリック・マッシュポテトやアボカドなどを使ったサラダなど、サイド・ディッシュも種類豊富でぜひいっしょにいろいろオーダーしたい。

アメリカン・バイソンの実物を見たことがない私でも、店内にある巨大な頭の剥製《はくせい》で、そのデカさが想像できた。頭だけでこんなにバカデッカイんだから、全体は……？　思わず「ヒュ〜〜〜ジ！」って叫んでしまった。さすが、氷河期時代から北米一大きな動物だ。

おみやげには二ドルのプチぬいぐるみバイソン・キーホルダーが可愛くておすすめ。

Ted's montana Grill
133 Luckie Street, Atlanta, GA
TEL (404)512-9796
★★★

あとがき――ゴージャスとファンキーの両極端を

「新ニューヨークネイバーズ」は、女性ファッション誌「FRaU」（隔週刊）に連載していました。当初一〇話完結の予定でしたが、描きたいことが多すぎるのと、「もっとNYを知りたい！」とのみなさんのご要望にお応えして、途中からアトランタ編になり、最終的には三九話にもなりました。

当時の担当編集者（女性）も相当なNYフリークで、休みを作ってはNYで思う存分楽しんでいたので、私とよく話が合いました。そんなわけで、連載もこんな一言で決まってしまいました。「若い女の子はみんなNY好きですから！」……。

たしかにNYに一人で行けないようでは、最先端のオシャレも極められないし、今や一人前のオトナの女とは認められないのかもしれない。

私も今や子持ち女なので、仕事も子育ても日本でしており、しょっちゅうNYに行っているわけにはいきません（私が未だにNYに住んでいると思っている人もいるようですが）。そこで、まずプライベートで家族三人半（当時、お腹に一人）で約二ヵ月間（内カリブ一〇日間）滞在して生活しつつ、ネタを集めました。すると、やっぱり生活してみないとわからないことも多いのです。

アフリカもNYも、海外旅行は基本的にプライベートで（つまり、企業あるいは雑誌などから取材費・旅費を出してもらったりはしないで）、自分の思うままに行っています。このほうが、自由で気楽でいい（もちろん、そのあとモトをとるためにも、ちゃんとその体験を仕事につなげるわけですが……）。

家族でロング・ステイのあとは一人で何回かNYへ行き、そしてアトランタにも、このときは珍しく仕事で行かせてもらいました。しかも、外務省の招聘！　アトランタでは思いもよらない華麗な体験ができて、私も一回り成長し、漫画家としても幅が広がったような気がしました。南部は初めてだったのですが、とても優雅で素晴らしい土地。ＮＹとはまったく違った魅力がありました。

いや〜アメリカは広い！　ロサンゼルスやサンフランシスコなど西海岸もぜんぜん違うし。でも、私にとって、アメリカの基本はＮＹ。ＮＹで思う存分遊びたい！　ＮＹの魅力をもっと知りたい！　そう思っている人にこそ、ぜひ本書を読んでいただきたいと思います。そうすれば、アメリカという国の独自のカルチャーも、奥深くまで知ってもらうことができると自負しています。セレブな上流社会から黒人ゲットーまで幅広く、ゴージャスとファンキーの両極端を覗かせてもらっている私にしか書けない本だからです。

でもいっぽう、まだまだ未知の部分が多いのも事実です。じつは、またいつか住んでみたいとすら密かに思っているのが正直な気持ちです。

最後にこの連載の担当者だった講談社のＮＹ通、井本真紀さん（今は文芸担当）と、本書をまとめるにあたって気長に原稿を待って、素晴らしい本にしてくれた書籍の「サルサ・ダンス・マスター」間渕隆さんにお礼を申し上げます。

それから、いつもいろいろな情報をくれたり、いっしょに遊んでくださって、漫画にも登場してくれた私のＮＹの友人達！　大橋慶子さん、伊藤弥住子さん、三浦良一さん、岸君、テット、タカシ君、ニョロ、ディビット、そして小野慶子さん、坂本龍一さん、千住博さん、マンディ満ちるさん、Ｊａｙ-Ｚ。アトランタでは久枝総領事夫妻、カーター元大統領、テッド・ターナーさん、ドミニカでは太田代さん、他たくさんの方々……。みなさんのおかげで、こんなに素敵な本ができました！　本当にありがとう。またすぐ「お里帰り」するからね！

二〇〇五年一月

中尊寺《ちゅうそんじ》ゆつこ

（編集部注）中尊寺ゆつこさんは、この原稿を脱稿したあと、一月三一日にご逝去されました。謹んでご冥福をお祈りいたします。

著者略歴

中尊寺ゆつこ（ちゅうそんじ・ゆつこ）

一九六二年、東京都に生まれる。駒沢大学法学部政治学科卒業。バブル最盛期の日本で、ゴルフや居酒屋、競馬、温泉などに進出しはじめたパワフルな若いＯＬを「オヤジギャル」と名づけて漫画化し一大ブームを作る。「オヤジギャル」は一九九〇年の流行語大賞にも入賞。一九九三年から二年間、ニューヨークで執筆活動をしつつ、カリブ海方面にもたびたび足を延ばす。一九九六年にはモロッコからアフリカ旅行をスタートし、ケニア、ザンジバルに至る。一九九八年には再びモロッコ、モーリタニア、ナミビア、南アフリカへ。二〇〇二年には家族とともに数ヵ月、再度ニューヨークに滞在。二〇〇五年一月三一日死去。本書は著者の遺作。

著書には『スイートスポット』（扶桑社）、『お嬢だん』（双葉社）、『ワイルドＱ』（マガジンハウス）、『ていうか経済ってムズカシイじゃないですか』（日本経済新聞社）、『ニューヨークネイバーズ』（アスペクト）、『アフリカンネイバーズ』（木楽舎）などがある。

新《しん》ニューヨークネイバーズ　セレブに会《あ》えるアメリカ・ガイド

二〇〇五年四月一日　第一刷発行

著者――中尊寺《ちゅうそんじ》ゆつこ
カバー写真――太田康男
本文デザイン――若菜啓（ＷＯＲＫＳ）
装丁――守先正

発行者――野間佐和子
発行所――株式会社講談社
東京都文京区音羽二丁目一二―二一　郵便番号一一二―八〇〇一
電話　編集〇三―五三九五―三五三二　販売〇三―五三九五―三六二二　業務〇三―五三九五―三六一五
印刷所――慶昌堂印刷株式会社
製本所――株式会社若林製本工場

落丁本・乱丁本は購入書店名を明記のうえ、小社業務部あてにお送りください。
送料小社負担にてお取り替えします。
なお、この本の内容についてのお問い合わせは生活文化第三出版部あてにお願いします。

ISBN4-06-212894-2
定価はカバーに表示してあります。